GUANGZHOUSHI JIKONG XITONG
JICENG DANGZUZHI DANGJIAN SHICAO ZHINAN

广州市疾控系统
基层党组织党建实操指南

主　编　张周斌　马　钰
副主编　罗春妮　周　颖　卢祝靓子

·广州·

版权所有 翻印必究

图书在版编目（CIP）数据

广州市疾控系统基层党组织党建实操指南 / 张周斌，马钰主编；罗春妮，周颖，卢祝靓子副主编 . -- 广州：中山大学出版社，2024. 11. -- ISBN 978-7-306-08286-2

Ⅰ . D267.6-62

中国国家版本馆 CIP 数据核字第 20243YF205 号

GUANGZHOUSHI JIKONG XITONG JICENG DANGZUZHI DANGJIAN SHICAO ZHINAN

出 版 人：	王天琪
策划编辑：	徐 劲 邓子华
责任编辑：	邓子华
封面设计：	曾 斌
版式设计：	曾 斌
责任校对：	王 璞
出版发行：	中山大学出版社
电 话：	编辑部 020-84110283，84111996，84111997，84113349
	发行部 020-84111998，84111981，84111160
地 址：	广州市新港西路 135 号
邮 编：	510275　　　　　　　传 真：020-84036565
网 址：	http：//www.zsup.com.cn　E-mail：zdcbs@mail.sysu.edu.cn
印 刷 者：	佛山家联印刷有限公司
规 格：	787mm×1092mm　1/16　18 印张　470 千字
版次印次：	2024 年 11 月第 1 版　2024 年 11 月第 1 次印刷
定 价：	98.00 元

如发现本书因印装质量影响阅读，请与出版社发行部联系调换

本书编委会

主　编　张周斌　马　钰
副主编　罗春妮　周　颖　卢祝靓子
编　委（按姓氏笔画排序）

马　钰　王　娟　王志伟　石同幸　朱惠扬　刘艳慧
许聪辉　孙丽丽　李亚勇　李晓宁　何　荣　张周斌
张春焕　张静波　张嘉玮　张维蔚　张　颖　陈庆彬
陈远源　林伟权　和　鹏　周自严　周金华　施　洁
黄　琳　曹　蓝　程　林　甄若楠　蔡文锋

主编简介

张周斌 男，1975年出生，中共党员，公共卫生硕士（Master of Public Health，MPH），疾病控制三级主任医师，硕士研究生导师，广州市医学重点人才、广州市医学重点学科——传染病快速检测与预警实验室学科带头人，现任广州市疾病预防控制中心党委书记，并担任全国疾控宣传服务平台培训讲师、人民日报健康客户端疫苗频道顾问、《中华流行病学杂志》通讯编委、广东省预防医学会副会长、第五届广州市突发公共卫生事件应急专家委员会主任委员、中共广州市委党校党课专家等学术职务。

主要从事传染病预防控制、突发公共卫生事件应急处置、免疫规划与预防接种，以及新疆公共卫生问题研究。以第一负责人身份承担广东省科技厅项目、广州市科技局产学研重大专项、广州市党建学会2022年度调研课题各1项；以第三负责人身份承担国家自然青年科学基金项目1项；获2015年广州市科技进步奖二等奖、广州市党建学会2022年度调研课题二等奖。以第一作者或通讯作者身份发表论文44篇，其中发表在SCI收录的杂志22篇。主持在《中华流行病学杂志》《疾病监测》《热带医学杂志》重点号刊发论文各1期；主编《登革热社区防制实用技术》，参与编写《基层免疫接种培训教程》《预防接种技术与应用》。获"广州市优秀共产党员"、"广州医师奖"、"广州市抗击新冠肺炎疫情先进个人"、"广州市十佳新闻发言人"、首届全国预防接种科普大赛一等奖等荣誉。

马钰 女，1987年出生，中共党员，流行病与卫生统计学专业硕士，副主任医师。现任广州市疾病预防控制中心办公室副主任、广东省预防医学会流行病学专业委员会青年委员会委员、广州市健康科普（传染病与地方病预防控制组）专家。

长期从事新冠病毒感染、流感、禽流感、登革热及百日咳等疫苗可预防性疾病的监测、应急处置、健康科普工作。2017年获全国卫生应急技能竞赛广州赛区二等奖、"广州市卫生应急技能标兵"称号。2018年获广州地区卫生计生系统"健康杯·讲科学、秀科普"演讲大赛二等奖和最佳形象奖。2021年获人民日报健康客户端，人民日报社主管、主办的《健康时报》2021年"让预防接种'声'入人心"疫苗可预防疾病4＋1科普讲解大赛（广州站）二等奖，讲解视频在人民日报健康客户端展播。获广东省优秀科技成果1项、广东省预防医学会科学技术奖1项、发明专利2项。发表论文60余篇（其中以第一作者或通讯作者身份发表15篇），完成著作4部。

近年来，在疾控系统党建与业务工作创新融合工作法上取得一定实践经验。在"基层党组织标准化和规范化建设在疾病防控工作中的实践与应用研究"课题作为主要完成人，获广州市党建学会2022年度调研课题二等奖。获评广州市卫生健康委员会"抗疫争先锋"共产党员岗位标兵、"守护健康"共产党员岗位标兵。

内容简介

为全面提升疾控系统党支部组织力,强化党支部政治功能,充分发挥战斗堡垒作用,根据《中国共产党章程》《中国共产党支部工作条例(试行)》等有关党内法规,编制《广州市疾控系统基层党组织党建实操指南》。本书分为党支部建设规范编、疾控特色举措编、党支部建设案例编三个部分。第一编根据新形势下党建要求,结合疾控系统工作属性和特点,梳理了组织设置、党员教育管理监督、党内生活和活动、基础保障等方面的工作要求和操作程序。第二编以广州市疾病预防控制中心党建工作为例,梳理了具有疾控特色的党建举措。第三编结合广州市疾病预防控制中心党支部工作实践,总结了党支部党建案例,供疾控党支部工作参考。附录部分收录大量常用表格和流程图。

前 言

党的基层组织是党在社会基层组织中的战斗堡垒,是党的全部工作和战斗力的基础。党支部是党的基础组织,担负直接教育党员、管理党员、监督党员和组织群众、宣传群众、凝聚群众、服务群众的职责。为全面提升疾控系统党支部组织力,强化党支部政治功能,充分发挥战斗堡垒作用,根据《中国共产党章程》《中国共产党支部工作条例(试行)》等有关党内法规,按照《中共广东省委组织部关于印发〈党支部规范化建设指导标准〉的通知》要求,我们编制了本书。

编制本书是推动基层党组织全面进步、全面过硬的基础性、统领性工作。我们按照分类指导原则,根据疾控党组织建设实际情况,让党支部建设定有标尺,干有方向,评有依据。

本书是疾控基层党务工作者的指导书。我们力求务实精准管用,按照党支部建设规范编、疾控特色举措编、党支部建设案例编三个部分,全面梳理党支部建设重点工作要求和操作程序,提供配套工作指南、流程图和参考文本,以简洁、直观、可操作的形式呈现给各级疾控系统党务工作者。在编制过程中,广州市卫生健康委员会给予大力支持,中共广州市委党校提供技术支撑。

由于时间紧张、水平所限,疏漏之处在所难免。在实际工作中遇到问题,要严格按照党章党规和上级文件精神执行,并及时向我中心反馈。我中心将根据最新的政策文件精神,以及反馈的问题,适时对本书内容进行更新、完善。

中共广州市疾病预防控制中心委员会
2024 年 5 月 1 日

目 录

第一编　党支部建设规范 ……………………………………… 1

第一章　组织设置 …………………………………………… 2
　　第一节　党支部设置 …………………………………… 2
　　第二节　党支部主要职责 ……………………………… 4
　　第三节　党支部领导班子职责 ………………………… 5
　　第四节　党支部选举 …………………………………… 10

第二章　党员教育管理监督 ………………………………… 13
　　第一节　发展党员 ……………………………………… 13
　　第二节　党员教育培训 ………………………………… 19
　　第三节　党组织关系管理 ……………………………… 22
　　第四节　分类管理 ……………………………………… 23
　　第五节　党费收缴使用管理 …………………………… 26
　　第六节　入党时间和党龄的计算 ……………………… 29
　　第七节　党员监督 ……………………………………… 30

第三章　党内生活和活动 …………………………………… 36
　　第一节　党的组织生活 ………………………………… 36
　　第二节　争先创优活动 ………………………………… 45
　　第三节　党支部评星定级 ……………………………… 48
　　第四节　结对共建工作机制 …………………………… 50
　　第五节　党员志愿服务 ………………………………… 51

第四章　基础保障 …………………………………………… 53
　　第一节　阵地建设 ……………………………………… 53
　　第二节　经费保障 ……………………………………… 53

第三节　激励关怀 ·· 54

第四节　工作台账 ·· 54

第二编　疾控特色举措 ·· 55

第五章　党员突击队制度 ·· 56

第六章　"双带头人"制度 ·· 59

第七章　智慧党建 ·· 62

第八章　标准化手册 ·· 64

第九章　党员干部夜校 ·· 66

第十章　党支部委员会集体议事规则 ·· 69

第十一章　党建带群建工作机制 ·· 72

第三编　党支部建设案例 ·· 73

第十二章　"双带头人"机制案例 ·· 74

第十三章　"双育双选"机制案例 ·· 77

第十四章　党员教育培训案例 ·· 80

第十五章　采购监督案例 ·· 83

第十六章　组织生活会案例 ·· 86

第十七章　主题党日活动案例 ·· 89

第十八章　"政治生日"活动案例 ·· 93

第十九章　谈心谈话案例 ·· 96

第二十章　创建党支部评星定级案例 ·· 98

第二十一章　党支部结对共建案例 ·· 102

第二十二章　党员志愿服务案例 ·· 105

第二十三章　为民办实事案例 ·· 109

第一节　坚守便民利民初心，服务群众零距离（12320卫生服务热线民生项目） ·· 109

第二节　促公共场所卫生，创美好健康环境（环卫健教12320第九党支部民生项目） ·· 111

第二十四章 疫情期间党员突击队案例 ……………………………… 113
- 第一节 新冠疫苗接种的党员突击队案例 …………………………… 113
- 第二节 检验检疫党员突击队案例一 ………………………………… 114
- 第三节 检验检疫党员突击队案例二 ………………………………… 116

附录 ………………………………………………………………………… 119

- 附录一 党支部公推直选流程图 ……………………………………… 120
- 附录二 党支部公推直选工作流程 …………………………………… 121
- 附录三 关于成立中共×××支部委员会的请示 …………………… 123
- 附录四 关于成立中共×××支部委员会的批复 …………………… 124
- 附录五 关于中共×××支部委员会换届选举的请示 ……………… 125
- 附录六 关于中共×××支部委员会换届选举的批复 ……………… 126
- 附录七 关于中共×××支部委员会增补委员的请示 ……………… 127
- 附录八 关于中共×××支部委员会增补委员的批复 ……………… 128
- 附录九 ×××党支部公推直选实施方案 …………………………… 129
- 附录十 推荐基层党组织候选人公告 ………………………………… 132
- 附录十一 党组织推荐候选人表 ……………………………………… 134
- 附录十二 党员群众联名推荐候选人表 ……………………………… 135
- 附录十三 个人自荐候选人表 ………………………………………… 136
- 附录十四 基层党组织公推候选人民主测评表 ……………………… 137
- 附录十五 基层党组织候选人民主测评汇总表 ……………………… 138
- 附录十六 关于中共×××支部委员会候选人的请示 ……………… 139
- 附录十七 基层党组织公推候选人名册 ……………………………… 140
- 附录十八 关于对×××等同志党风廉政审查的意见（用于候选人的审查，示例） ……………………………………………………… 141
- 附录十九 党内职务任免呈报表 ……………………………………… 142
- 附录二十 基层党组织候选人公示 …………………………………… 144
- 附录二十一 关于中共×××支部委员会候选人的批复 …………… 145
- 附录二十二 党支部工作报告撰写提纲 ……………………………… 146

附录二十三　中共×××党员大会选举办法（草案）……………… 147

附录二十四　中共×××党员大会议程（20××年××月××日）……… 149

附录二十五　中共×××党员大会主持词…………………………… 150

附录二十六　中共×××党员大会文件资料清单…………………… 154

附录二十七　党员大会会场布置指导………………………………… 155

附录二十八　中共×××党员大会清点人数报告单（开会前使用）……… 156

附录二十九　中共×××党员大会总监票人、监票人、计票人建议人选名单…………………………………………………………… 157

附录三十　中共×××党员大会清点人数报告单（投票选举委员前使用）…………………………………………………………… 158

附录三十一　中共×××党员大会分发选票情况报告单（投票选举委员时使用）………………………………………………………… 159

附录三十二　中共×××支部委员会委员选票（以姓氏笔画为序）……… 160

附录三十三　中共×××支部委员会委员选举计票统计表（存档）……… 161

附录三十四　中共×××支部委员会委员选举计票结果报告单（按票数高低排序）……………………………………………………… 162

附录三十五　中共×××支部委员会委员当选名单………………… 163

附录三十六　中共×××党员大会清点人数报告单（投票选举书记、副书记前使用）…………………………………………… 164

附录三十七　中共×××党员大会分发选票情况报告单（投票选举书记、副书记时使用）…………………………………………… 165

附录三十八　中共×××支部委员会书记、副书记选票（以姓氏笔画为序）… 166

附录三十九　中共×××支部委员会书记、副书记选举计票统计表（存档）… 167

附录四十　中共×××支部委员会书记、副书记选举计票结果报告单（按票数高低排序）…………………………………………… 168

附录四十一　中共×××支部委员会书记、副书记当选名单……… 169

附录四十二　关于中共×××支部委员会选举结果的报告………… 170

附录四十三　关于中共×××支部选举结果的批复………………… 171

附录四十四　关于中共×××支部委员会更名的请示……………… 172

附录四十五　关于中共×××支部委员会更名的批复……………… 173

附录四十六　关于调整中共×××支部委员会隶属关系的请示 …… 174

附录四十七　关于调整中共×××支部委员会隶属关系的批复 …… 175

附录四十八　关于撤销中共×××支部委员会的请示 …… 176

附录四十九　关于撤销中共×××支部委员会的批复 …… 177

附录五十　中共×××支部委员会分工及党支部委员工作职责 …… 178

附录五十一　任命党支部书记、副书记工作流程 …… 180

附录五十二　关于中共×××支部委员会书记任免的请示 …… 181

附录五十三　基层党组织拟任人选名册 …… 182

附录五十四　基层党组织拟任人选民主测评表 …… 183

附录五十五　基层党组织拟任人选民主测评汇总表 …… 184

附录五十六　关于对×××同志党风廉政审查的意见（用于拟任人选的审查，示例） …… 185

附录五十七　关于中共×××支部委员会书记任免的批复 …… 186

附录五十八　入党志愿书使用情况登记表 …… 187

附录五十九　发展党员工作流程图 …… 188

附录六十　基层党委审批发展党员工作指南 …… 189

附录六十一　入党申请书的写法（示例） …… 192

附录六十二　同入党申请人的谈话记录及写法（示例） …… 193

附录六十三　入党申请人发展情况登记表 …… 194

附录六十四　入党积极分子备案表 …… 198

附录六十五　入党积极分子培养考察登记表 …… 200

附录六十六　思想汇报的写法（示例） …… 206

附录六十七　关于确定×××同志为发展对象的公示 …… 207

附录六十八　发展对象备案表 …… 208

附录六十九　政治审查报告的写法（示例） …… 210

附录七十　关于×××同志政治审查情况的报告（示例） …… 211

附录七十一　关于对×××同志进行预审的请示 …… 213

附录七十二　关于对×××同志预审的批复 …… 214

附录七十三　中国共产党入党志愿书（示例） …… 215

附录七十四　关于接收×××同志为中共预备党员的公示 …… 224

附录七十五	党支部大会接收预备党员流程图	225
附录七十六	接收预备党员支部大会主持词（示例）	226
附录七十七	预备党员通知书	229
附录七十八	入党宣誓仪式流程图	230
附录七十九	入党宣誓仪式主持词（××××年××月××日）	231
附录八十	预备党员考察登记表	232
附录八十一	转正申请书的写法	240
附录八十二	关于×××同志转为中共正式党员的公示	241
附录八十三	接收预备党员转正支部大会主持词（××××年××月××日）	242
附录八十四	预备党员转正通知书	245
附录八十五	中国共产党党员组织关系介绍信及回执	246
附录八十六	中国共产党流动党员活动证	248
附录八十七	党支部核定党费标准备案表	249
附录八十八	党支部收缴党费情况登记表	250
附录八十九	××××年党费收支、结存情况表	251
附录九十	××××年党费使用、管理情况表	252
附录九十一	党支部党费收缴工作流程图	253
附录九十二	党支部党费使用管理工作流程图	254
附录九十三	党支部党员大会流程图	255
附录九十四	党支部委员会流程图	256
附录九十五	党小组会流程图	257
附录九十六	党课流程图	258
附录九十七	党支部组织生活会流程图	259
附录九十八	民主评议党员流程图	260
附录九十九	个别谈心流程图	261
附录一〇〇	党支部请示报告模板	262
附录一〇一	第×党支部关于组织开展纪律教育月学习活动的请示（示例）	263
附录一〇二	结对共建流程图	264
附录一〇三	广州市疾病预防控制中心党建平台管理规定	265
附录一〇四	党支部谈话机制	268

第一编　党支部建设规范

第一章 组织设置

第一节 党支部设置

一、基本要求

《中国共产党章程》（中国共产党第二十次全国代表大会部分修改，2022年10月22日通过）规定："企业、农村、机关、学校、医院、科研院所、街道社区、社会组织、人民解放军连队和其他基层单位，凡是有正式党员三人以上的，都应当成立党的基层组织。"

二、设置类型

1. 独立党支部

独立党支部一般以单位、区域为主，以单独组建为主要方式。内设机构为单位设置。凡是有正式党员3人以上都应当成立党支部。党支部人数一般不超过50人。

2. 联合党支部

正式党员不足3人，没有条件单独成立党支部，应当按照地域相邻、行业相近、规模适当、便于管理的原则，成立联合党支部。联合党支部覆盖单位一般不超过5个。

3. 临时党支部

为执行某项任务临时组建的机构，党员组织关系不转接的，经上级党组织批准，可以成立临时党支部。

4. 党小组

党员人数在20人以上的党支部，一般应当划分若干党小组；党员人数不足20人的，可以根据工作需要划分党小组。每个党小组不应少于3名党员，其中至少有1名为正式党员。

💡 **疾控实践小贴士**

疾控业务涉及范围较广，有较多不同职能部室，疾控基层党组织在换届或重新组建党支部时可充分考虑疾控不同职责。可以根据相同部室业务性质组建。例如，将部分公共卫生部室组成1个党支部、将质控与实验室等部室组成1个党支部，将慢病部室与基本公共卫生部室组为1个党支部；也可从便于党支部互相监督出发，将财务、后勤等资金和采购量较大的党支部与纪检监察部室组成1个党支部，充分发挥支部监督作用；也可以将业务科室与行政科室一起组建，方便促进不同工作类型党员间互相了解，也便于开展不同类型主题党日活动。

三、设立程序

1. 选举产生

一般由基层单位提出申请，逐级报所在地或单位基层党委召开党委会研究决定并批复，批复时间一般不超过1个月。基层党委审批同意后，基层单位召开党员大会选举产生新一届党支部委员、书记、副书记，或者不设委员会的党支部书记、副书记。批复和选举结果由基层党委报上级党组织部门备案。工作程序和参考文本见附录一——附录四十三。

2. 直接决定

因工作需要，上级党委可直接研究决定并下发设立党支部的通知。

四、组织命名规则

实践中，不少基层党组织的名称不是很恰当，有的过于简单，如"疾控党支部""慢病党支部"；有的显然是不正确的，如"中共××区××疾病预防控制中心党总支部委员会"，前面用了"中共"，后面又用了"党"。

确定基层党组织名称时，要从实际出发，可从多个角度考量：

（1）从单位名称的角度，如"中国共产党××区××中心支部委员会"。

（2）从单位的某个科室（部门）名称角度，如"中国共产党××区××中心办公室支部委员会"。

（3）从党员的不同群体角度，如"中国共产党××区××中心离退休干部支部委员会""中国共产党××区××中心流动人员支部委员会"。

（4）从排序的角度，如"中国共产党××区××中心委员会第一支部委员会""中国共产党××区××中心委员会第二支部委员会"。

> 💡 **疾控实践小贴士**
>
> 上级党组织在决定成立党的新组织时，应当明确并使用新的党组织的全称，如"中共××区××疾病预防控制中心委员会"；雕刻党组织印章时，一般应当使用党组织的全称，文字过多时，可采用通用的简称。在之后的使用中，可根据需要和使用时的语境，使用规范化简称。

五、党支部更名、调整和撤销

1. 更名

单位行政名称发生变化，党支部应及时报请上级党委更名。

2. 调整

基层党委每年要根据形势任务和人数变化等实际情况，按照有利于党员教育管理和作用发挥的原则，对党支部设置情况进行1次摸底排查，切实规范党支部的设置，理顺党支部隶属关系。对党员人数较少、设置不合理的，要及时合并；对符合党组织设置升格条件和工作需要的，要及时进行组织升格；对党员人数较多，组织开展活动难度较大的，要根据实际情况，合理改设若干个党支部；对符合设立党小组条件的，要及时设立党小组。

3. 撤销

单位撤销或党组织重新组建的，党支部应及时报请上级党委审批。临时组建的机构撤销后，临时党支部自然撤销。

4. 工作程序

一般由党支部提出书面申请，逐级报上级党委集体审查批准。因工作需要，上级党委可直接研究决定并下发党支部更名、调整、撤销的通知。党委批复（决定）党支部更名、调整和撤销的，应及时报上级党组织备案。参考文本见附录四十四—附录五十。

第二节　党支部主要职责

一、党支部职责

党支部是党的基础组织，是党组织开展工作的基本单元，是党在社会基层组织中的战斗堡垒，是党的全部工作和战斗力的基础，担负直接教育党员、管理党员、监督党员和组织群众、宣传群众、凝聚群众、服务群众的职责。

1. 机关党支部

机关党支部围绕服务中心、建设队伍开展工作，发挥对党员的教育、管理、监督作用，协助本部门行政负责人完成任务、改进工作。

2. 事业单位党支部

事业单位党支部保证监督改革发展正确方向，参与重要决策、服务人才成长，促进事业发展。事业单位中发挥领导作用的党支部，对重大问题进行讨论和做出决定。

3. 临时党支部

临时党支部主要组织党员开展政治学习，教育、管理、监督党员，对入党积极分子进行教育培养等，一般不发展党员、不处分处置党员、不收缴党费，不选举党代表大会代表和进行换届。

> 💡 **疾控实践小贴士**
>
> 疾控系统基层党支部一般属于事业单位党支部。要使党支部成为贯彻党的路线方针政策和疾控各项事业高质量发展的组织者、推动者和实践者，要发挥监督功能，使党支部

参与部室重要事项决策制度和监督机制。发挥支部能动性,认真研究解决发展中面临的新情况和新问题,具体内容可参考第二编第十章党支部委员会集体议事规则。

二、党小组职责

党小组是指党员数量较多或者党员工作地、居住地比较分散的党支部按照便于组织开展活动原则将党员分编成的若干小组。党小组的主要职责是落实党支部工作要求,完成党支部安排的任务,积极开展党内活动,督促指导党员发挥先锋模范作用。党小组的基本任务如下。

(1)突出政治功能,教育引导党员带头增强"四个意识",坚定"四个自信",做到"两个维护",在深入学习贯彻习近平新时代中国特色社会主义思想上作表率,在始终同以习近平同志为核心的党中央保持高度一致上做表率,在坚决贯彻落实党中央各项决策部署上做表率。

(2)组织党员认真学习马克思列宁主义、毛泽东思想、邓小平理论、"三个代表"重要思想、科学发展观、习近平新时代中国特色社会主义思想,学习党的路线、方针、政策,学习党的基本知识等。

(3)严格党的组织生活,深入进行谈心谈话,认真开展批评和自我批评,组织和督促党员按时参加党的活动。

(4)协助党支部对党员进行教育、管理和监督,做好入党积极分子和发展对象培养教育、预备党员考察、党费收缴等日常工作,关心党员的思想、工作、学习、生活等情况,及时向党支部反映党员的意见建议和实际困难。

(5)组织党员做好群众工作,经常向群众宣传党的基本理论、基本路线、基本方略,做好群众的思想政治工作,及时向党支部反映群众的意见和诉求。

(6)坚决贯彻落实党中央决策部署,推进本部门本单位中心工作,执行上级党组织决议,完成党支部交办的任务。

第三节 党支部领导班子职责

一、党支部书记

1. 主要职责

(1)负责召集支部委员会会议和党支部党员大会,结合本单位的具体情况,认真传达、贯彻执行党的路线、方针、政策和上级党组织的决议、指示;研究、安排党支部的工作,将党支部重大问题及时提交党支部委员会和党员大会讨论决定。

(2)按照党内生活各项制度,围绕"服务中心,建设队伍"的要求和上级党组织的部署,结合本单位中心工作和党支部党员实际,制订党支部党建年度工作总体计划(方案)、党支部季度工作计划,并组织实施。检查支部工作计划、决议的执行情况,解决在执行中出现的问题,按时向党支部委员会、党员大会和上级党组织报告工作。

(3)坚持和完善谈心谈话制度,党支部书记与班子成员之间、班子成员与党员之间每年谈心谈话一般不少于1次,了解掌握党员的思想、工作、学习和生活情况,发现问题及时解决,做好经常性的思想政治工作。

(4)按照有关规定抓好基层党组织换届选举工作和届中缺额的增补工作。

(5)严格落实组织生活制度,严格落实"三会一课"、组织生活会、民主评议党员等组织生活制度。每年至少为党员讲1次党课。年底向党支部党员大会述职。

(6)尊重党员主体地位,保障党员民主权利,推进党务公开。落实党内关怀帮扶机制,每年"七一"、春节适时开展走访慰问活动。

(7)加强对党员教育管理,督促党员参加各类教育培训。做好发展党员工作,抓好入党积极分子的培训教育,严格按要求发展党员。按时交纳党费,及时上缴,并及时将党费收缴情况在适当场所进行公示。严格党员组织关系接转,严格执行流动党员管理制度,配合党委做好党内统计工作。

(8)组织党员经常性查找解决问题,每季度组织党员开展1次批评与自我批评。坚持抓早抓小,防微杜渐,对党员干部中存在的苗头性问题及时谈话提醒;加强对纪律执行情况的检查,督促党员遵纪守法。

(9)经常与党支部委员和同级行政领导人保持密切联系,交流情况,研究工作,协调本级群团组织工作关系,充分调动各方面的积极性。

(10)抓好党支部委员会自身的学习,按时主持召开党支部委员会、民主生活会,开展批评与自我批评,加强党支部委员会自身建设,充分发挥党支部委员会的集体领导作用。

(11)发挥党支部的战斗堡垒作用,围绕中心工作,团结、组织、带领党员群众扎实开展创先争优活动。

(12)完成上级党组织赋予的其他任务。

2. 书记选配

(1)选配条件。党支部书记一般应当具有1年以上党龄,政治素质好,热爱党的工作,具有一定的政治理论水平,组织协调能力和群众工作本领,担当负责,乐于奉献,带头发挥先锋模范作用,在党员、群众中有较高威信;清正廉洁,不在纪律处分期内,年龄一般能任满1届。

(2)选配要求。机关(事业)单位党支部书记一般由内设机构或单位主要负责人担任,落实"一岗双责"要求。本单位本部门内设机构(科室)成立的党支部,其书记应由内设机构正职及以上党员行政负责人兼任。在事业单位中,根据工作需要,上级党组织也可选任党员干部担任专职党支部书记。

(3)选配方式。党支部书记、副书记的选配及缺额增补工作流程详见本编第四节。

3. 党支部书记培训

(1)培训内容。突出习近平新时代中国特色社会主义思想、党的二十大精神、习近平总书记重要讲话精神、党的基本知识、党的优良传统作风、党性锻炼，以及履职尽责实务等内容。

（2）培训组织。各党委（党组）要根据党组织隶属关系，将党支部书记培训纳入党员、干部教育培训总体规划，分层分类部署开展党支部书记全员轮训。

（3）培训方式。围绕提高党支部书记政治素养、综合素质和履职能力等切入点，综合运用讲授式、研讨式、案例式、模拟式、参观式、体验式等教学方法，用活"互联网+"等信息技术手段，不断提升培训的实效。

（4）培训时间。新任职的党支部书记一般应在其任职后半年内完成培训，主要进行党务基本知识和实操技能培训。党支部书记每年应当至少参加1次县级以上党组织举办的集中轮训，每年培训时间累计不少于40学时，可分段分批进行。

（5）培训要求。党支部书记培训要坚持、经常，突出履职尽责能力，突出阶段性要求。基层党委对党支部书记的培训要体现互补性，保证人员和内容的全覆盖。

4. 党支部书记管理

1）任前谈话。

基层党委应对新任职的党支部书记严格把关，基层党委主要负责人要及时进行任职谈话，提出工作要求。

2）重视培养。

各级党委（党组）要将党支部书记岗位作为培养选拔干部的基础性台阶。按照讲党性、重品行、作表率的要求，加强党支部书记队伍建设。重点锻炼党员干部落实"一岗双责"的能力，特别是贯彻落实上级关于基层党建工作部署要求、落实基层党建重点任务、推动全面从严治党向纵深发展、整改查摆突出问题的能力。注重培养选树先进典型，发挥优秀党支部书记的传帮带作用。

3）述职评议考核。

每年要就抓党建工作情况对党支部书记开展述职评议考核，上级党组织要将党支部书记述职评议考核结果作为个人年度考核、评先评优、选拔使用的重要依据。

（1）考核内容。组织学习贯彻落实习近平新时代中国特色社会主义思想和党的二十大精神等重要思想、指示的落实情况；上年度重点问题整改落实情况；本年度基层党建工作重点任务完成情况，存在的问题和整改措施等。

（2）考核流程。主要根据下面流程开展述职评议考核：开展督查调研、启动述职评议考核、召开述职评议会、开展综合分析、形成考核建议、作出评价考核决定。

（3）结果应用。将考核评价意见反馈党支部书记本人，本人根据反馈意见列出问题清单、责任清单、整改清单，开展好整改落实。上级党委做好督导检查。

二、党支部副书记主要职责

（1）协助党支部书记做好党支部的日常事务。党支部书记外出时，党支部副书记负责党支部的日常工作。

（2）协助党支部书记抓好党的路线方针政策和上级党组织的决议、指示的贯彻落实。

（3）协助党支部书记制订党支部工作规划、计划。了解并掌握各项党建工作进展情况，并及时报告。

（4）协助党支部书记定期组织支部党建工作会议，研究部署工作任务，并督促落实。

（5）协助党支部书记规范支部组织建设，抓好党组织换届选举。

（6）协助党支部书记做好党建调研工作，了解党员的思想、工作情况，加强党员思想政治建设，做好经常性的思想政治工作。

（7）完成党支部书记交办的其他工作任务。

三、党支部委员

1. 委员类型及职责

1）组织委员。

（1）了解和掌握党支部的组织设置情况，检查和督促党组织落实组织生活制度。根据工作需要，提出党小组的划分和调整意见。

（2）了解和掌握党员的思想状况，收集和整理党员的先进事迹，向党支部提出表扬、奖励党员的建议。

（3）负责入党积极分子、预备党员的培养、教育和考察工作，提出发展党员的意见。具体办理接收新党员和预备党员转正的手续。

（4）做好党员组织关系接转。收缴党费及定期向党员公布党费收缴使用情况，做好党员和党组织的统计工作，建立健全有关党务工作台账。

（5）不设纪检委员的党支部，有关纪律检查方面的工作一般由组织委员负责。

（6）党支部明确的其他组织工作任务。

2）宣传委员。

（1）按要求组织学习马克思主义、列宁主义、毛泽东思想、邓小平理论、"三个代表"重要思想、科学发展观和习近平新时代中国特色社会主义思想，学习党章党规、党的基本知识、政治理论和时事政策。

（2）根据上级党组织的要求，结合党员的思想状况，提出宣传教育工作的计划和意见，并组织实施。

（3）围绕中心工作和党支部工作实际，开展形式多样的宣传教育和文明创建活动。做好党员先进典型事迹的收集整理和宣传工作。

（4）了解掌握党员和群众的思想状况，开展经常性的思想教育和宣传工作。开展健康向上的群众性文体活动。

（5）组织开展党建理论研究和工作研究。

（6）做好党报党刊的征订工作，充分利用互联网、微博微信、宣传栏等宣传工具，办好支部的宣传阵地。

（7）党支部明确的其他宣传工作任务。

3）群团委员。

（1）按照上级关于工、青、妇工作的部署，指导工、青、妇制订相关工作计划，制定相关制度，负责指导工、青、妇组织开展各项活动。

（2）指导、帮助所属党组织的群团组织做好换届选举、开展政治思想教育和科学文化知识的学习。

（3）了解和征求群众对党组织的意见、建议，参与制定整改方案。

（4）及时向支部反馈工、青、妇工作的情况，帮助解决工作中遇到的困难。

（5）做好发展党员中的群团推优工作。

（6）党支部明确的其他群团工作任务。

4）纪检委员。

（1）协助上级党组织抓好作风建设，按有关要求对党员进行经常性的党纪教育，不断提高党员遵纪守法的自觉性，防止和纠正不正之风。

（2）负责对党员履行义务和权利的保障进行监督，检查党员执行党章和党的纪律的情况，协助上级纪检部门开展执纪审纪、处理党员违反党的章程、违反党的纪律的问题。

（3）负责受理党员和群众的来信来访，受理党员的控告和申诉，并在职责范围内予以处置，超出本级权限范畴的，及时向上级党组织反映并报告。

（4）按要求对本党支部受处分党员改正错误的情况进行跟踪、回访，对他们开展有针对性的帮助、教育工作，鼓励他们放下包袱、改正错误、积极工作。

（5）全面掌握本单位在全面从严治党方面存在的问题，及时、准确地向上级党组织反映，对党支部党风廉政建设工作提出意见和建议。

（6）完成党支部交办的其他任务。

各党支部须结合实际，对班子成员进行分工、制定班子成员抓党建工作责任清单以及年度党建工作任务清单。党支部委员分工及职责参考模板详见附录五十。

2. 选配条件及培训

1）委员组成。

除书记外，党支部委员会还设有组织委员、宣传委员、纪检委员等，委员人数较多的，可根据实际情况设群团委员、统战委员等。必要时可设1名副书记，协助党支部书记开展工作。党支部委员按照分工开展工作。

2）委员条件。

党支部委员一般应当具备1年以上党龄，年龄一般能任满1届，政治素质好，业务能力强，清正廉洁，不在纪律处分期内，有较好的群众基础，热心为党支部工作，热忱为党员服务，具备一定的党务工作能力。

3）选配方式。

党支部委员的选配及缺额增补工作流程详见本章第四节内容。

4）培训时间。

各级党组织应把党支部委员纳入培训规划中，保证每年参加教育培训的时间累计不少于40学时。

5）其他要求。

联合党支部委员的分布应根据各联合部门的实际情况，进行合理设置，使每个部门或每项重要工作都有一定的代表性，充分调动发挥联合党支部的应有作用。

> **疾控实践小贴士**
>
> 疾控机构专业技术人员占据多数，但业务强不代表政治强，疾控基层党支部应当大力重点从党性强、懂业务的优秀专业人才中选拔支委人选，也应该注意选配年轻党支部委员，为党建与业务深度融合打下坚实队伍基础。

第四节　党支部选举

一、党支部委员会的任期和职数配备

1. 任期

村、社区党支部委员会每届任期5年，其他基层单位党支部委员会一般每届任期3年。

2. 职数配备

（1）设党支部委员会的党支部。有正式党员7人以上的党支部，应当设立党支部委员会。党支部委员会一般由3~5人组成，一般不超过7人，其中设书记1名，必要时可设1名副书记。党支部委员会委员的设置应是单数，可分别设组织委员、宣传委员、纪检委员，委员职数较多的还可设群团委员、保密委员等，但委员的设置不得超过党员的半数；书记、副书记的设置不得超过委员的半数。

（2）不设党支部委员会的党支部。党员不足7人的党支部，不设党支部委员会，一般设书记1名，必要时可设副书记1名，但书记、副书记的设置不得超过党员半数。指定专人负责纪检工作。

（3）临时党支部。班子的设置应参照上述要求配备。委员、书记、副书记一般由批准其成立临时党支部的上级党组织指定，书记一般由临时机构党员主要负责人兼任。

二、党支部委员会换届选举工作

1. 基本要求

（1）按期换届。机关（事业）单位党支部委员会一般每届任期3~5年。不设党支部委员会的，党支部书记、副书记每届任期3~5年。党支部应严格执行任期规定，任

期届满应按期进行换届选举。

（2）延期换届。党支部因特殊情况需要延期换届的，应经党支部委员会（不设党支部委员会的党支部由党员大会，下同）讨论决定，并逐级报上级党委审查批准，但延期换届时间不得超过1年。延期换届的特殊情况：多数委员被派遣临时外出工作，无法按期改选的；任期届满时，正集中一段时间完成某项紧迫任务难以改选的；遇到某些突发性事件或自然灾害等，党组织必须全力以赴去处理的；党组织存在问题正在进行整顿，改选条件不具备的；党员外出较多，大会达不到规定人数的；新建立的单位，选举的条件不成熟的；由于其他原因，上级党组织决定延期改选的。

（3）提前换届。党支部因特殊情况需要提前换届的，应经党支部委员会研究讨论决定，并逐级报上级党委审查批准，提前换届时间一般不超过1年。提前换届的特殊情况：委员缺额较多，使党组织工作受到影响的；党支部委员会存在严重问题，党员强烈要求改选的；由于其他原因，上级党组织决定提前改选的。

（4）换届提醒。建立健全党支部按期换届提醒督促机制。上级党组织对任期届满的党支部，一般提前6个月以发函或电话通知等形式提醒其做好换届准备。每年6月，对下一年1—6月换届的党组织进行书面提醒；每年12月，对下一年7—12月换届的党组织进行书面提醒（例如，于2018年6月提醒2019年1—6月换届的党组织，于2018年12月提醒2019年7—12月换届的党组织）。书面提醒要抄报上一级基层党委以留存备查。

2．换届程序

（1）选举产生。一般由党支部委员会研究并提出书面申请，逐级报上级党委审查批复，批复时间一般不超过1个月。批准换届的党支部应在2个月内，按照《党支部公推直选办法》的要求，召开党员大会选举产生新一届党支部委员、书记、副书记。工作程序和参考文本见附录一—附录四十三。

（2）直接决定。确有必要时，上级党组织可以指派党支部书记或者副书记。

3．缺额增补

（1）书记、副书记出缺。党支部的书记、副书记在任期内出缺的，应及时进行增补或任命。

（2）委员出缺。党支部的委员在任期内出缺的，应根据工作需要进行增补。委员缺额超过30%的应及时进行增补。

（3）增补要求。党支部增补委员、书记、副书记的，应按照党内有关规定召开党员大会选举产生；党支部任命书记、副书记的，应经党支部委员会研究决定，并逐级报上级党委审查批准。党支部委员、书记、副书记的缺额增补和书记、副书记的任命，一般在3个月内完成。

（4）委员、书记、副书记缺额增补。一般由党支部委员会研究并提出书面申请，逐级报上级党委审查批复，批复时间一般不超过1个月。批准增补的党支部应在2个月内，按照《党支部公推直选办法》的要求，召开党员大会选举产生缺额的委员、书记、副书记。工作程序和参考文本见附录一—附录四十三。

（5）书记、副书记任命。一般由党支部委员会研究并提出书面申请，逐级报上级党委审查批复，批复时间一般不超过1个月。因工作需要，上级党委可直接讨论决定并下发党支部书记、副书记任职的通知。任命程序和参考文本见附录五十一——附录五十七。

参考文献

[1] 共产党员网. 中国共产党章程 [EB/OL]. （2022-10-22）[2023-10-31]. https://www.12371.cn/special/zggcdzc.

[2] 共产党员网. 中国共产党支部工作条例（试行）[EB/OL]. （2018-11-25）[2023-10-31]. https://www.12371.cn/special/zbgztlxxsc/.

[3] 共产党员网. 中央和国家机关党小组工作规则（试行）[EB/OL]. （2019-12-18）[2023-10-31]. https://www.12371.cn/2019/12/18/ARTI1576640904775568.shtml.

[4] 共产党员网. 中国共产党基层组织选举工作条例 [EB/OL]. （2020-07-13）[2024-05-01]. https://www.12371.cn/2020/07/20/ARTI1595242421478244.shtml.

[5]《基层党务工作实用手册》编写组. 基层党务工作实用手册 [M]. 北京：党建读物出版社，2017：1-2.

[6] 中共珠海市委组织部. 珠海市机关（事业）单位党支部标准化规范化建设手册 [M]. 珠海：珠海市机关（事业）单位党支部标准化规范化建设手册编委会，2018：6-19.

第二章 党员教育管理监督

第一节 发展党员

一、基本要求

1. **政治标准**

发展党员必须把政治标准放在首位,坚持把政治坚定,坚决贯彻党的基本路线,献身改革开放和现代化事业,诚心诚意为人民谋利益,将带领群众为经济发展和社会进步做出实绩的先进分子吸收到党内来。

2. **基本程序**

严格贯彻落实《中国共产党发展党员工作细则》要求,认真按照16字总要求和5个阶段25项流程做好发展党员工作,做到培养教育到位、工作程序规范、资料健全完备。

3. **突出重点**

把政治标准放在首位,提高执行党员发展计划的精准度,突出从市级以上重点科研项目带头人、各行业高技能人才、重点实验室负责人等高层次人才,以及机关事业单位内设机构负责人、优秀业务骨干和青年知识分子中确定培养对象,做好政治吸纳工作。

4. **严格把关**

党支部要做好对党员发展对象的资格审查、公示等工作,对党员的品质纯洁负责,防止出现弄虚作假、"近亲繁殖"、"人情党员"、"带病入党"等违规违纪问题。

二、重点工作

1. **申报计划**

每年1月15日前,各级基层党组织要召开委员会,研究部署本年度发展党员工作,逐级向上级党组织申报本年度发展党员计划,填报年度发展党员计划申报表、年度计划发展党员名册。

2. **严格程序**

在入党积极分子的推荐、确定、备案、培养教育和考察,发展对象的确定、备案和预审,预备党员的接收审批、教育考察和转正等每个环节要规范操作、严格把关、全程纪实。

3. 报送资料

每季度（末月15日前）有发展党员计划（经上级党组织审核并下达指导性计划）的党支部，要逐级上报本季度发展党员工作进展情况，填写发展党员指导性计划执行进展调度表。

每年12月15日前，要上报本年度发展党员工作总结、发展党员情况，填写年度发展党员计划完成情况统计表、年度发展新党员名册、年度预备党员转正名册、入党志愿书使用情况登记表等材料（见附录五十八）。

4. 加强督导

各级党组织要把发展党员工作列入重要议事日程，纳入党建工作责任制，作为年度党建工作述职评议考核和党务公开的重要内容；要加强对发展党员工作的督导，每年至少对发展党员工作进行1次全面排查；要全面落实发展党员工作责任追究制，按照"谁培养谁负责、谁发展谁负责、谁审批谁负责、谁迁转谁负责"的原则，分基层党委、培养联系人或入党介绍人、相关人员等责任主体，实行全线全程跟踪问责。

三、工作程序

党支部应按照《中国共产党发展党员工作细则》规定的5个阶段25项流程做好发展党员工作。发展党员工作流程图见附录五十九，基层党委审批发展党员工作指南见附录六十。

1. 申请入党

（1）向党组织递交入党申请书。年满18周岁，本人提出书面申请（见附录六十一）。

（2）党组织派人谈话。收到入党申请书后，党支部应在一个月内派人同入党申请人谈话及时了解情况，并为入党申请人建立专门档案（见附录六十二—附录六十三）。

2. 积极分子确定、培养、教育、考察

（1）推荐和确定入党积极分子。采取党员推荐、群团组织推优等方式，在入党申请人中产生入党积极分子人选。党支部委员会（不设支部委员会的由支部党员大会，下同）要根据党员推荐和群团组织推优情况，集体研究确定入党积极分子，并将推荐和研究结果向党员群众公布。

（2）报上级党委备案。及时将入党积极分子有关情况逐级报上级党委备案，填写入党积极分子备案表（见附录六十四）；上级党委备案后要及时通知党支部，并发放入党积极分子培养考察登记表。

（3）指定培养联系人。党支部要及时通知入党积极分子本人正式进入考察期，并为其指定两名培养联系人，填写入党积极分子培养考察登记表（见附录六十五）。

（4）培养教育考察。采取吸收入党积极分子听党课、参加党内有关活动、给他分配一定的社会工作以及集中培训等方法，对入党积极分子进行培养和教育；入党积极分子应主动向党组织汇报思想、工作和学习等情况（每季度至少递交1篇思想汇报，见附录六十六）；党支部要每半年对入党积极分子的政治立场、思想觉悟、工作表现、组织纪律观念、群众观念等方面的情况进行1次考察，并将考察意见填入入党积极分子培养考

察登记表。

3. 发展对象确定、备案

（1）确定发展对象。经过1年以上培养教育和考察，对基本具备党员条件、已列入本年度发展党员计划的入党积极分子，在经上级党委审核并下达《发展党员计划核定通知书》后，党支部可按以下程序确定发展对象：

A. 党支部采取个别访谈、召开座谈会、民主测评等方式，广泛听取党小组（没有党小组的免此程序，下同）、培养联系人、党员和群众对入党积极分子的意见。

B. 党支部委员会要对入党积极分子个人表现情况、档案材料及各方面反映情况进行认真审查，集体研究后做出是否将其列为发展对象的决定，并在适当范围内对发展对象人选有关情况进行公示（公示5个工作日，下同）（见附录六十七）。

（2）报上级党委备案。党支部将发展对象人选及有关材料逐级报上级党委备案，填写发展对象备案表（见附录六十八）；党委要及时对上报的发展对象人选及有关材料进行审查、提出备案意见，并及时通知党支部。

（3）确定入党介绍人。党支部为发展对象确定2名正式党员为入党介绍人。

（4）政治审查。党支部通过同本人谈话、查阅档案资料、找有关单位和人员了解情况，以及必要的函调和外调，对发展对象的态度、表现、遵纪守法情况，以及直系亲属和与本人关系密切的主要社会关系的政治情况等进行审查，形成审查报告（见附录六十九—附录七十）。

（5）集中培训。党支部组织发展对象参加上级党（工）委举办的发展对象培训班，对其进行不少于3天或不少于24学时的集中培训。

4. 预备党员接收

（1）党支部委员会审查。召开党支部委员会，对发展对象的入党动机、政治历史、培养教育考察记录和现实表现等方面情况进行严格审查，经集体讨论认为符合党员条件、手续完备后，逐级报有审批权限的上级党委预审，上报预审书面请示（见附录七十一）。

（2）上级党委预审。党委对发展对象的条件、培养教育等方面情况进行严格审查（必要时应听取执纪执法等相关部门意见）、集体研究提出预审意见，并以书面形式通知党支部（下发预审书面批复，见附录七十二），向审查合格的发展对象发放带编号的《入党志愿书》（见附录七十三）。

（3）填写入党志愿书。党支部同发展对象进行谈话并指导其填写入党志愿书。

（4）党支部大会讨论。召开党支部委员会，对发展对象、入党介绍人填写的入党志愿书和有关问题进行认真审查，集体讨论认为合格后，党支部将拟接收的预备党员有关情况在一定范围内进行公示（见附录七十四）；召开党支部大会，对发展对象能否入党进行讨论、投票表决并形成大会决议（党支部大会接收预备党员流程图见附录七十五，主持词见附录七十六）；党支部及时将党支部大会决议填入入党志愿书，连同公示情况和报批发展对象备案、预审时的有关材料逐级报上级党委审批。

（5）上级党委派人谈话。党委要指派专人同发展对象进行谈话，将谈话情况填入入党志愿书。

（6）上级党委审批。3个月内召开党委会，对党支部上报的接收预备党员的决议和相关资料进行集体讨论和表决，对具备党员条件、入党手续完备的批准为预备党员，并及时将审批意见填入入党志愿书；向党支部下达《预备党员通知书》（见附录七十七）。

（7）报上级党组织备案。党委审批预备党员后，要及时将预备党员审批情况逐级上报上级党组织备案（上报《预备党员通知书》备案联）。

5. 预备党员教育考察和转正

（1）编入党支部和党小组。党支部要及时将党委审批情况通知预备党员本人，并在党员大会上宣布；要将预备党员编入党支部和党小组。

（2）入党宣誓。党支部及时为预备党员举行入党宣誓仪式。（入党宣誓仪式流程图见附录七十八，入党宣誓仪式主持词见附录七十九。）

（3）继续教育考察。党支部要通过党的组织生活、听取本人汇报、个别谈话、集中培训、实践锻炼等方式对预备党员进行1年的教育和考察；预备党员每季度向党组织汇报1次思想、工作、学习等方面情况（至少递交1篇思想汇报）；党支部要每季度对预备党员进行1次考察，并将考察情况填入预备党员考察登记表（见附录八十）。

（4）提出转正申请。预备党员经过1年的教育考察，本人应在预备期满前1周主动向党支部提出书面转正申请（见附录八十一）。

（5）党支部大会讨论。党小组及时讨论并根据定期考察情况提出能否按期转正意见；党支部应采取召开座谈会、个别谈话、发放征求意见表等形式，广泛征求党小组、入党介绍人、党员和群众对预备党员转正的态度和意见；党支部委员会对预备党员的转正申请、党小组和介绍人的意见、党员群众意见以及预备期考察情况进行审查，集体研究和提出预备党员能否转为正式党员的意见；党支部将预备党员转正情况在适当范围内进行公示（见附录八十二）；召开党支部大会，对预备党员能否转正进行讨论、投票表决并形成大会决议（讨论接收预备党员转正支部大会主持词见附录八十三）；及时将党支部大会决议填入入党志愿书，连同预备党员转正公示情况、预备期教育考察有关材料逐级报上级党委审批。

（6）上级党委审批。召开党委会，对党支部上报的预备党员转正决议和相关材料进行集体讨论和表决，对具备正式党员条件、入党手续完备的批准为正式党员，并及时将审批意见填入入党志愿书；向党支部下达《预备党员转正通知书》（见附录八十四），同时，将审批情况逐级上报上级党组织备案（上报《预备党员转正通知书》备案联）；党支部书记要及时同党员本人谈话，并将上级党委审批结果向党员大会宣布。

（7）材料归档。党支部要及时将入党志愿书、入党申请书、政治审查材料、转正申请书、培养教育和考察材料存入党员个人人事档案。

四、入党材料归档

（1）预备党员转正后，党支部应当及时将其入党申请书、入党志愿书、政治审查材料、转正申请书和培养教育和考察材料,交党委存入本人人事档案。

（2）无人事档案的,建立党员档案,由所在党委或县级党委组织部门保存。

💡 疾控实践小贴士

一、双育双选

"双育双选"作为高质量发展中心党员的重要工作,发展的对象范围主要有两类人群,一是高知识群体和专家人才,包括具有研究生学历或副高以上专业技术职称的人群和在学术、技术等方面有专门研究或特长,并做出较大贡献的人员;二是疫情防控涌现的优秀分子,主要是指在核酸检测、流调溯源、转运隔离、社区管控等工作中表现积极,实绩突出的人员。主要工作措施如下。

（一）"双选"工作流程

"双选"工作指的是遴选重点吸纳对象和遴选重点发展对象。主要工作流程如下。

1. 推优选才

在广州市疾病预防控制中心内部,由各支部广泛遴选高知识的,在疫情防控工作中有突出贡献的非党员群体,通过集体讨论、走访调研、座谈交流等方式,摸查掌握未提出入党申请的优秀分子情况,并组织党员、群众进行推荐,从中择优选取年度重点吸纳对象,实现"好中选优";对符合发展条件的入党积极分子进行研究分析,根据思想觉悟、培育情况、综合素质等情况,择优确定年度重点发展对象。

2. 遴选入库

广州市疾病预防控制中心党委按年度收集、汇总各支部推荐的年度重点吸纳对象人选和重点发展对象人选名单,对人选情况进行审核把关、比较遴选,经中心党委讨论研究,最终确定并形成本中心年度人选库,按照高知识群体和专家人才、疫情防控一线两类进行区分,并及时报送广州市卫生健康委员会。中心根据吸纳和发展进度情况建立工作台账,制定分层次、分步骤的引导、培养、发展的工作计划和工作目标。

3. 动态管控

广州市疾病预防控制中心党委每季度对人选的培养考察整体情况进行动态摸查,根据实际情况进行必要的调整,对离职或存在违规违纪等原因无法继续发展的人选要及时剔除,对新招录的符合条件人员要及时补充,并将调整情况及时上报广州市卫生健康委员会。

（二）"双育"工作流程

"双育"工作指的是针对重点吸纳对象开展源头培育,激发他们向党组织靠拢的热情,主动"领进门";应针对重点发展对象开展跟踪培育,确保发展计划"不落空",教育质量"不打折"。主要工作流程如下。

1. 党组织"重点引"

针对重点吸纳对象,建立党组织"重点引"工作制度,单位党组织按照"一人一表"指定台账,通过定期座谈、节日慰问等方式,切实解决他们在工作、生活中的实际困难,

提高对党组织的认同感；通过举办示范培训班、提前体验组织生活等方式，积极创造条件宣传党的路线方针政策，鼓励引导他们在业务冒尖的同时，积极向党组织靠拢。重点开展党史教育、革命传统教育和爱国主义教育，进一步增强他们的爱国情怀和党性意识。

2. 政治导师"结对引"

针对重点吸纳对象，广州市疾病预防控制中心党委建立政治导师"结对引"工作制度，由所在党支部的书记、委员或政治素质好、担心观念强、业务水平高的党员担任重点吸纳对象的政治导师。政治导师一对一联系重点吸纳对象，通过谈心谈话，沟通交流，了解他们的思想、学习和工作情况，做好政治引领工作，拉近他们和党组织的距离，培养他们对党组织的感情。

3. 个性化培养

针对重点发展对象，广州市疾病预防控制中心党委在严格政治标准和工作程序的前提下，结合高知识群体和专家人才、疫情防控一线人员出差多、加班多、工作时间不固定等实际情况，依据可行性、突出思想性、注重实效性，优化党校培训、思想汇报、政治审查等培养考察程序和方式方法，灵活开展培训夜班周末班、送学送教上门、线上谈心谈话等，实现重点发展对象工作生活与培训教育"双不误"。根据疫情防控工作需要，统筹安排重点发展对象积极参与一线工作，进一步考验和培养。

4. 全过程培养

针对重点发展对象，广州市疾病预防控制中心党委做好全程跟踪，提升培养质量，坚持学习教育与实践锻炼相统一，在培养教育中考察他们的入党动机、政治觉悟和工作作风；强化程序把关，做好入党申请到预备党员转正各个阶段工作流程，规范培训、政审、考察、审批、转正等关键环节，确保发展质量过硬。人选因工作调动等原因离开本中心时，应及时将培养情况反馈给其现单位党组织（工作单位无党组织则反馈给居住地党组织），由现单位党组织（居住地党组织）按进度继续培养。

二、疫情防控一线选拔

"疾风知劲草，烈火见真金。"越是危急关头，越能甄别和筛选出有担当、敢作为的好干部。在新冠疫情防控的严峻斗争中，广州市疾病预防控制中心以"注重实绩、崇尚实干、群众公认"为用人导向，把疫情防控一线作为淬炼培养、检验考察干部的重要战场，优先选拔"疫"线上善于担当担责、善于斗争破难、善于创新创造、善于吃苦奉献、善于勇争一流的"五善"干部入党，激励广大党员干部在战"疫"中以主动担当的实际行动践行初心使命。

第二节　党员教育培训

一、基本安排

1. 培训内容

坚持以习近平新时代中国特色社会主义思想、党的二十大精神、习近平总书记重要讲话精神、党章党规等为重点，突出理想信念、党性修养、政治理论、政策法规、道德品行等，引导党员增强党性修养，践行社会主义核心价值观，增强"四个意识"，坚定"四个自信"，做到"两个维护"。

2. 培训主体

开展党员教育培训可择优选择党校、行政学院、社会主义学院、干部学院、系统党校、高校培训基地，以及党史党性教育基地等。充分发挥各级党校和党性教育基地的培训主渠道、主阵地的作用，也可以根据党员队伍存在的短板和弱项由基层党组织开展自主培训。

3. 培训时间

党员每年至少参加集中轮训1次，每年培训时间一般不少于32学时。党支部年底要统计本年度开展集中学习、党课教育、辅导报告、座谈研讨、主题活动等情况。

二、基本要求

以马克思列宁主义、毛泽东思想、邓小平理论、"三个代表"重要思想、科学发展观、习近平新时代中国特色社会主义思想为指导，认真落实新时代党的建设总要求，把学习贯彻习近平新时代中国特色社会主义思想作为首要政治任务，以坚定信仰、增强党性、提高素质为重点，坚持思想建党、理论强党、从严治党，坚持围绕中心、服务大局，坚持分类指导、按需施教，坚持联系实际、继承创新，坚持简便易行、务实管用，不断增强针对性和有效性，引导党员增强"四个意识"、坚定"四个自信"、做到"两个维护"，努力建设政治合格、执行纪律合格、品德合格、发挥作用合格的党员队伍。

三、重点主体（书记、新党员、流动党员）

1. 基层党组织书记培训

着眼于建设一支服务意识强、作风服务好、服务水平高的基层服务型党组织带头人队伍，根据中央重大决策部署和各地区各部门各单位实际，确定培训主题，定期开展基层党组织书记集中轮训。提高服务大局、推动科学发展能力，服务群众、凝聚人心能力，协调关系、维护社会和谐稳定能力。基层党组织换届后，要对新任基层党组织书记进行任职培训。基层党组织书记的集中轮训和任职培训，按照党组织隶属关系由上级党委组织部负责组织实施。

2. 新党员培训

着眼于从思想上入党，增强党员意识，发挥先锋模范作用，通过集中学习、党课教育、主题活动等方式，在党员入党后1年内组织1次集中培训。具体培训工作按照党组织隶属关系，由上一级党组织负责组织实施。

四、主要措施

1. 集中轮训

市、县党委或者基层党委每年应当组织党员集中轮训，主要依托县级党校（行政学校）、基层党校等进行。根据事业发展和党的建设重点任务，结合本地区本部门本单位中心工作和党员实际，确定培训内容和方式。党员每年集中学习培训时间一般不少于32学时。党组织应当按照党中央部署要求，组织党员认真参加党内集中学习教育，引导党员围绕学习教育主题，深入学习党的创新理论，查找解决自身存在的突出问题。省级党委、行业系统党组织可以根据党员思想状况和党的建设需要，适时开展专题学习教育。

2. 发挥党员的先锋模范作用

党组织应当充分发挥党员的先锋模范作用，结合不同群体党员实际，通过树立、学习身边的榜样，设立党员示范岗、党员责任区，开展设岗定责、承诺践诺等，引导党员做好本职工作，干在实处、走在前列，创先争优，在联系服务群众、完成重大任务中勇于担当作为，做到平常时候看得出来、关键时刻站得出来、危急关头豁得出来。

鼓励和引导党员参与志愿服务。党员应当积极参加党组织开展的志愿服务活动，也可以自行开展志愿服务活动。

3. 在线学习培训

适应时代发展要求，充分运用互联网技术和信息化手段，改进党员教育管理工作，推进基层党建传统优势与信息技术深度融合，不断提高党员教育管理现代化水平。党员应当主动学网用网，依托各类党员教育管理信息化平台，积极参加在线学习培训，认真参加党组织的活动，自觉接受党组织的教育管理。通过网络向群众宣传党的理论和路线方针政策，听取群众意见，联系服务群众。

> 疾控实践小贴士

一、党建夜校

为了进一步提升广州市疾控系统基层党组织标准化、规范化建设，强化基层党组织政治功能和党员干部头雁作用，充分发挥疾控基层党组织战斗堡垒作用，广州市疾病预防控制中心创新性地举办广州市疾控系统党员干部夜校，邀请省级、市级党校，各级宣讲团成员，高校等专业人士授课，授课对象为广州市疾病预防控制中心全体党支部书记、党支部委员、党务工作者，各区疾控分中心，结对帮扶单位等。培训内容含支部党建工作常见问题解答、将党建工作与业务工作有机结合、纪检委员的工作职责和工作方法介绍、党支部的党风廉政建设的加强，深受疾控广大党员的好评。

二、复兴壹号

复兴壹号党建平台贯彻落实党中央关于"运用互联网技术和信息化手段开展工作"

的部署要求，顺应互联网、云计算、大数据为代表的信息技术快速发展趋势，致力于打造"互联网＋党建"新模式，对党组织开展党建工作具有重要推动作用。

于党委而言，党组织管理更加高效便捷。复兴壹号党建平台具有党组织管理、党员教育管理、党组织生活管理、党费管理、文化建设等功能，是党组织日常工作的管理工具。通过这个工具，可以直观地看到各级分支机构党组织的设置情况、党员的分布情况，以及党建各项工作进展情况的"三本明白账"，还可以自动生成党费缴纳情况、党组织生活情况等各类统计报表，提高党内统计工作效率。通过建立内容丰富的学习资料库，帮助党员利用碎片化的时间进行自主学习和在线测评。该平台提供形式多样的学习交流工具，通过手机App定向推送相关政治理论、党建实务、历史文化、特色专题等学习课程，为党组织加强党员教育管理和党员增强自我教育提供有效工具。

于党支部而言，复兴壹号党建平台是各党支部开展活动的管理工具。通过利用网络信息技术，让党员无论身处何地都能及时联系到组织。交纳党费，参加活动均不受地域和时空限制，延伸了基层党组织建设与开展工作的触角。"党建圈"是一个组织生活开展情况和党内制度落实情况的记录和分享的工具。各党支部每开展1次活动，都能以图文、音视频等形式分享到线上，为交流党建工作经验搭建直接、便捷的沟通渠道，充分激活党建活力。同时它也是一个党费收缴、使用和管理的工具。创新党费交纳方式，提供中国银行手机银行、微信、支付宝等多种交纳渠道，并将教育功能有效地嵌入交纳党费的全过程，每次交纳党费都是党员和组织之间的一次互动交流，体现了党组织的温暖和人性化，强化了仪式感。

于党员而言，复兴壹号党建平台是一个供党员分享与品鉴美术作品、音像作品和文学作品的党员之家。党员可以发挥个人在美术、摄影、文学等方面的特长，在线展示和分享作品，还可以分享工作、生活、学习中的所见所闻所感。该平台支持通过"频道"功能设定某个特定主题，参与话题讨论，分享心得体会，交流工作经验，共同营造良好的文化氛围。

复兴壹号党建平台主要有以下几个特点：①数据更安全。该平台相关应用服务和用户数据均部署在中国银行数据中心，该中心构建了具有高数据安全保密等级和灾备恢复能力的"两地三中心"运营架构。党组织、党员和党费信息列入最敏感数据库进行严格管理，数据加密传输，与银行核心业务系统一样受到最高等级安全保护。②管理更高效。该平台建立"党组织信息、党员信息、组织生活信息"三本明白账，实现对党的基层党组织建设和党员队伍建设进行宏观把握，动态管理。③学习更便捷。该平台提供了自由灵活的在线学习方式，帮助各级领导干部和广大党员充分利用碎片化的时间进行自主学习和在线测评，给广大党员干部创造"全方位""全天候"的学习条件，让学习像刷"朋友圈"一样轻松愉快。④组织生活管理更规范。该平台支持自动记录各级党组织"三会一课"、民主生活会、专题组织生活会等组织生活开展情况，并形成统计报表，使各级党组织党内制度落实情况一目了然，组织活跃度用数据来说话。⑤党费管理更智能。该平台开通了中国银行手机银行、微信、支付宝等多种交纳渠道，即使党员出差，也可以随时随地按月交纳党费。同时,对一些不熟悉手机操作的离退休人员,该平台还提供了批量代交功能。此外,还把对党员的党性教育有效地嵌入交纳党费的全过程,每交纳一次党费,党员都可以收到一条自动推送的党建小知识,强化了仪式感。支持按日、月、季等不同频度将党费资金汇总结算至党费账户,简化财务管理工作。

三、车厢微党课

车厢微党课改变传统党课的授课主体、地点、时间及专家"一人讲"的形式,鼓励党员轮流上场"大家讲",由"课上45分钟"向"车厢10分钟"转变。车厢微党课是时间微、形式微、内容微的小载体,但成了人人参与、人人受益、效果不"微"的"大讲堂",实现党员学习教育"全覆盖、个性化、有实效"的目标要求,增强了基层党支部的活力。

第三节　党组织关系管理

一、组织关系接收次序

凡党员所去单位已建立党组织的,应将党员组织关系转移到单位党组织;单位未建立党组织的,应当将其组织关系转到单位所在地或其居住地党组织,也可以转移到行业主管部门党组织。党员组织关系接转一般按如下次序:工作单位党组织,工作单位所在地党组织,本人居住地党组织,区以上政府所属公共就业和人才服务机构党组织,直系亲属居住地党组织。

二、组织关系种类

党员组织关系包括正式组织关系和临时组织关系。转移和接收正式组织关系,应当凭据《中国共产党党员组织关系介绍信》(见附录八十五);转移和接收临时组织关系,应当凭据《中国共产党党员转移组织关系证明信》或"中国共产党流动党员活动证"(见附录八十六—附录八十七)。

三、开具正式组织关系的情形

党员外出地点或工作单位相对固定,外出时间6个月以上(不含6个月),以及党员与原单位解除劳动合同,一般应当开具《中国共产党党员组织关系介绍信》。党员组织关系正式转出后,党员在党组织中的隶属关系随即发生变化。

四、开具证明信的情形

党员外出时间6个月及6个月以内的,一般应当开具《中国共产党党员转移组织关系证明信》。外出地点、时间不确定的,一般应当持有"中国共产党流动党员活动证"。

五、不开具凭证的情形

党员短期外出开会、参观、学习、实习、考察等,时间在3个月及3个月以内,无须证明党员身份的,可不开具党员组织关系凭证。

六、组织关系转接流程

对于党员组织关系转入的,上级党组织以通知形式正式告知其所在党支部;对于党员组织关系转出的,应由党员向所在党支部书面申请办理网上转接组织关系,由党支部审核后提交上级党组织按规定的权限和程序办理。

七、组织关系转接管理

转接党员组织关系采用广东省党务管理信息系统网上无纸化转接(省外、系统外暂采用纸质介绍信转接,待省系统对接好全国系统后,实现全国范围网上转接)。党员兼任多个领导职务的组织关系应由党员主要工作地党组织管理。转出的党员组织关系未被对方党组织接收之前,原党支部仍具有教育、管理和监督该党员的职责,避免在转接过程中,产生"口袋"党员、"空挂"党员和失联党员。

第四节 分类管理

一、出国(境)党员

1. 暂居情形

出国(境)留学、工作或居住的党员,办理保留组织关系手续。回国后,核实其在国(境)外表现,组织关系所在支部研究提出意见,报基层党委审查并报上一级党委组织部门批准,可以恢复组织生活。尚在预备期的,视情况做出延长预备期或取消其预备党员资格。

2. 定居情形

出国(境)定居的正式党员,办理停止党籍手续。属预备党员的,不再办理转正手续,预备党员资格不再保留。

二、离(退)休党员

离退休干部职工党支部,宣传执行党的路线方针政策,根据党员实际情况,组织参加学习,开展党的组织生活,听取意见建议,引导他们结合自身实际发挥作用。对离(退)休党员采取如下管理:

(1)要教育离退休干部党员牢固树立纪律和规矩意识,始终严守政治纪律和政治规矩,严格用党章党规党纪规范自己的言行,在大是大非面前旗帜鲜明、立场坚定;坚决拥护党中央的重大决策部署和方针政策，理解和支持全面深化改革，正确对待利益调整；自觉尊法、学法、守法、用法，做社会主义法治的忠实崇尚者、自觉遵守者、坚定捍卫者；严格遵守中央关于讲座、论坛、刊登、出版、在企业和社会团体兼职（任职）、继续从业、出国（境）审批、重要情况报告等方面的纪律规定。

（2）要教育离退休干部党员始终保持共产党员的情怀，坚定共产党人的信仰信念。坚持理论学习、组织生活等制度，用好用活红色资源开展党性教育。身体条件允许的离退休干部党员，应自觉参加集体学习、组织生活。

（3）要教育离退休干部党员按规定交纳党费。有特殊情况的，经党支部同意，可采取灵活的方式交纳。

（4）要加强离退休干部流动党员教育管理。流出地党组织要主动了解掌握情况，协助流入地党组织共同做好工作，方便离退休干部党员参加组织活动。

（5）要提倡和鼓励离退休干部党员在党组织内部开展互助关爱、传递温暖活动。

（6）要教育离退休干部党员遵守不能信仰宗教、不能参加宗教活动的规定，坚决与邪教组织作斗争，并注意把党员参加某些民族风俗活动同信教区别开来。

三、流动党员

流动党员是指由于就业或居住地变化等原因，在较长时间内无法正常参加正式组织关系所在党组织活动的党员。

1. "流动党员活动证"的发放

经组织部门统一编号和基层党委加盖印章后，由党支部负责登记、填写、发放。发放时，要登记造册，详细登记持证外出党员的姓名、所在党支部、发证时间、外出原因、流向、外出时间等情况，并报上级党组织备案。

"流动党员活动证"一般应贴本人近期免冠照片，并由发证的基层党委在照片上加盖印章。因特殊情况未贴照片的，应与本人的居民身份证同时使用。

2. "流动党员活动证"的填写

（1）流出地（单位）党支部负责填写党员的基本信息。

（2）"流入地（单位）党支部"栏、"流入时间"栏、"党支部联系人"及"联系方式"栏，一般由流入地（单位）党支部接收流动党员时查验填写。

（3）"党员参加党的活动和交纳党费情况"栏，一般由流入地（单位）党支部在持证党员离开时查验、填写。主要填写该党员在流入地的表现和参加党的组织生活、交纳党费等情况。

（4）"年审（查验）"栏由年审时流动党员正式组织关系所在党支部或组织生活所在党支部负责填写，年审应结合党员民主评议进行，每年1次，一般在当年12月底前完成。

（5）"党支部盖章或支部书记签章"栏填写时，党支部有公章的须加盖公章，没有公章的可由党支部书记个人签章。

3. "流动党员活动证"的查验

外出党员返回后，原所在党组织要认真查验"流动党员活动证"记载的内容，听取党员在外出期间的工作和思想汇报，详细了解他们外出期间的表现。

如无正当理由，不按规定将"流动党员活动证"交外出所在地党组织，且连续6个月不参加党的组织生活，或不交纳党费，或不做党所分配的工作的，应按自行脱党处理。

党员私自填写"流动党员活动证"或弄虚作假的，一经发现，要严肃处理。在通常情况下，原所在党组织每年至少对"流动党员活动证"查验1次。使用满3年，应及时换发新证。

4. 流动党员义务

流动党员要认真履行党员义务，正确行使党员权利，在流入地参加党的组织生活，在正式组织关系所在党组织参加选举等重要活动，自觉接受流出地和流入地党组织的教育和管理，发挥先锋模范作用。

（1）外出前，应向所在党支部报告外出事由、时间、地点及联系方式，领取"流动党员活动证"。

（2）凭"流动党员活动证"及时到流入地党组织报到，积极参加党的组织生活，按规定交纳党费，完成党组织交给的任务。流动党员原则上应当按月交纳党费，因外出地点变动频繁等原因按月交纳确有困难的，可以按季交纳。

（3）主动与流出地党组织保持联系，每年至少向流出地党组织汇报1次外出期间思想、工作和参加党的组织生活情况。外出地点、就业单位、居住地和联系方式等发生变化时，应及时向流出地党组织和有关党组织报告。

（4）外出返回后，及时将"流动党员活动证"交给流出地党组织查验，如实向党组织汇报外出期间的情况。

5. 流出地党支部主要责任

了解掌握外出流动党员情况，加强与流入地党组织的联系，配合流入地党组织共同做好流动党员外出期间的教育管理工作。

（1）在党员外出前进行教育并提出要求，按规定登记并发放"流动党员活动证"。

（2）掌握外出党员的流动去向、外出时间、地点和联系方式等情况。

（3）了解党员外出后的思想、就业和生活等情况，及时向外出流动党员通报党组织的重要情况，通知外出流动党员按规定参加党内选举等重要活动。

（4）外出流动党员返回后，认真查验"流动党员活动证"等有关材料，及时了解党员外出期间的表现和参加党的组织生活情况。

（5）了解预备党员外出期间的表现，按规定做好预备党员转正工作。

6. 流入地党支部主要责任

对流动党员管理负有主要责任，要加强与流出地党组织的联系，把流动党员纳入本地党员教育管理的整体工作中。

（1）认真查验"流动党员活动证"，做好外来流动党员身份确认工作。

（2）加强对外来流动党员的经常性教育和管理，将外来流动党员编入党的一个基层组织，组织他们参加党的组织生活。

（3）关心外来流动党员，为他们的就业、学习和生活提供必要帮助。

（4）在"流动党员活动证"上如实填写党员参加组织生活、交纳党费等情况，及时将外来流动党员的重要情况反馈给流出地党组织。

（5）做好外来流动人员中预备党员的教育和管理工作。

第五节 党费收缴使用管理

一、党费收缴

1. 党费计算标准

1）按月领取工资的党员，每月以工资总额中相对固定的、经常性的工资收入（税后）为计算基数，按规定比例交纳党费。

（1）工资总额中相对固定的、经常性的工资收入包括机关工作人员（不含工人）的职务工资、级别工资、津贴补贴，事业单位工作人员的岗位工资、薪级工资、绩效工资、津贴补贴，机关工人的岗位工资、技术等级（职务）工资、津贴补贴，企业人员工资收入中的固定部分（基本工资、岗位工资）和活的部分（奖金）。

（2）党费计算基数不包括以下项目：个人所得税，养老保险、医疗保险、失业保险、工伤保险、生育保险、住房公积金（含个人和单位缴纳部分）、职业年金、企业年金，住房补贴、交通补贴、公务用车补贴、通信补贴、加班补贴、误餐补贴、取暖费、防暑降温费、物业费等改革性补贴，以及针对少数地区、部分单位、特殊岗位、部分人员发放的津贴补贴。事业单位党员的绩效工资中的基础性绩效工资应列入党费计算基数，奖励性绩效工资不列入党费计算基数。企业人员党员不定期、非普遍发放的奖金和绩效工资，不列入党费计算基数。科研人员党员在促进科技成果转移转化中取得的奖励和报酬，不列入党费计算基数。

2）党员交纳党费的比例为：每月工资收入（税后）在3 000元以下（含3 000元）者，交纳月工资收入的0.5%；3 000元以上至5 000元（含5 000元）者，交纳1%；5 000元以上至10 000元（含10 000元）者，交纳1.5%；10 000元以上者，交纳2%。

3）实行年薪制人员中的党员，每月以当月实际领取的薪酬收入为计算基数，参照1）、2）项规定交纳党费。

4）不按月取得收入的个体经营者等人员中的党员，每月以个人上季度月平均纯收入为计算基数，参照1）、2）项规定交纳党费。

5）离退休干部、职工中的党员，每月以基本离退休费或基本养老金（不包括津补贴）

为计算基数，5 000 元以下（含 5 000 元）的按 0.5% 交纳党费，5 000 元以上的按 1% 交纳党费。

6）基层党组织年初核定党员月交纳党费数额，年内一般不变动。

2. 党费的多交、少交、免交

1）党员每月交纳党费数额一般不超过 1 000 元，根据自愿可以多交。自愿一次多交 1 000 元以上的，按照交纳大额党费有关规定办理。

2）在职的党员，交纳党费确有困难的，经党支部研究，报上一级党委批准后，可以少交或免交；离退休干部、职工中的党员，生活确有困难的，经党支部研究同意，可以少交或免交党费。

3）党组织应当按照规定收缴党员党费，不得垫交或扣缴党员党费，不得要求党员交纳规定以外的各种名目的"特殊党费"。

3. 交纳党费时间

（1）党员应当增强党员意识，主动按月交纳党费。遇到特殊情况，经党支部同意，可以每季度交纳一次党费，也可以委托其亲属或者其他党员代为交纳或者补交党费。补交党费的时间一般不得超过 6 个月。

（2）预备党员从支部大会通过其为预备党员之日起交纳党费。

（3）对不按照规定交纳党费的党员，其所在党组织应及时对其进行批评教育，限期改正。对无正当理由，连续 6 个月不交纳党费的党员，按自行脱党处理。

4. 交纳党费地点

党员一般应当向其正式组织关系所在的党支部交纳党费。持"流动党员活动证"的党员，在外出期间应向流入地党组织交纳党费。

5. 收缴党费程序

（1）核定标准。每年初（3 月前），党支部对管辖党员登记造册，并按照规定对每名党员月交纳党费数额进行核定和调整，填写党支部核定党费标准备案表，见附录八十八，报上级党组织审核和备案。

（2）党员交纳。每月初（5 日前），党员应自觉、主动按照核定党费数额，按时、足额向所在党小组（党支部）交纳党费。

（3）收缴党费。每月初（5 日前），党小组应按时收齐并向党支部上缴党费，填写党员党费证、党员交纳党费登记簿；每季度末（末月 10 日前），党支部应按时、足额（全额）向上级党组织上缴党费，并填写党员交纳党费登记簿、党支部收缴党费情况登记表（附录八十九）。党支部向党总支上缴党费可以使用现金，向党（工）委上缴党费必须将现金存入党（工）委指定的党费专用账户，并在银行缴款单上注明缴款党组织及党费时段。

（4）领取收据。党支部上缴党费后，应及时向上级党组织报告党费上缴情况并领取党费收据。

（5）公布情况。年底前（12 月 15 日前），党支部应向党员公布当年党费收缴情况，向上级党组织填报年度党费收支、结存情况表（见附录九十）。有上级党组织下拨党费和返还党费的,还需要向党员公布当年党费使用情况和向上级党组织填报年度党费使用、管理情况表（见附录九十一）。

（6）资料保管。要结合党费收缴、使用情况,建立工作台账,并做好有关凭证和文件资料的保管和归档。党支部党费收缴工作流程图见附录九十二。

二、党费使用

1. 基本要求

上级党（工）委应根据工作需要,每年向党支部下拨党费。党支部使用上级党组织的下拨党费和返还党费,应严格按照中共中央组织部中组发〔2008〕3号、组电明字〔2017〕5号等文件执行。

2. 使用范围

在遵循党费使用五项基本用途的前提下,以下具体使用项目可以从党费中列支：

（1）教育培训党员、入党积极分子、基层党务工作者所产生的住宿费、伙食费、交通费、师资费、场地费、资料费、门票费、讲解费等。

（2）开展"三会一课"、创先争优、党组织换届及党内集中学习教育所产生的会议费等。

（3）党内表彰所需费用,党内表彰包括会议费、奖金、食宿费等。

（4）修缮、新建基层党组织活动场所、为活动场所配置必要设施等所产生的相关费用。

（5）编印党员教育培训教材和印制入党志愿书、党员组织关系介绍信、党员证明信、流动党员活动证、党费证、党员档案等所产生的工本费,以及购买党徽党旗等费用。

（6）党费财务管理中发生的购买支票、转账手续费等相关费用。

上述项目的开支标准,参照财政部有关规定执行。

3. 制定使用方案

党支部收到上级党组织下拨专项党费后,应及时向上级党组织开具党费收据,并按照下拨党费的用途,研究制定党费使用管理方案。

三、党费管理

1. 规范使用和管理

使用下拨党费时,要严格执行党费使用管理有关规定,并参照财务管理有关规定进行开支,做到集体讨论、专款专用,手续完备、账目清晰。同时,在确保资金安全的前提下,要及时把控使用进度,确保下拨党费在规定时间内使用完毕。

2. 报告使用管理情况

党费使用结束后,要及时向上级党组织提交党费使用管理情况报告。主要内容包括下拨党费的收支结存和使用管理情况,党费项目的实施情况及取得的成效、存在的问题等。

3. 公布使用管理情况

年底前（12月15日前），要结合党支部年度收缴工作，向党员公布下拨党费使用管理情况，向上级党组织填报年度党费收支、结存情况表（见附录九十）和年度党费使用、管理情况表（见附录九十一）。

4. 做好资料保管

要结合党费收缴、使用情况，建立工作台账，并做好凭证和文件资料的保管和归档。党支部党费使用管理工作流程图见附录九十三。

第六节 入党时间和党龄的计算

一、不同时期的入党时间和党龄的计算

1921年7月1日至1923年6月9日，入党时间为上级党委批准之日，无预备期，党龄同时开始计算。

1923年6月10日至1927年4月26日，入党时间为上级党委批准为预备党员之日，党龄从转正之日算起（转正之日等于入党时间加预备期，劳动者的预备期为3个月，非劳动者的为6个月）。

1927年4月27日至1928年6月17日，工人、农民、手工业者、店员、士兵入党时间为上级党委批准之日，无预备期，党龄同时开始计算。知识分子、自由职业者入党时间为上级党委批准之日，党龄从转正之日算起，预备期为3个月。

1928年6月18日至1945年4月22日，入党时间为上级党委批准之日，无预备期，党龄同时开始计算。

1945年4月23日至1956年9月14日，入党时间为上级党委批准之日，党龄从转正之日算起。工人、苦力、雇农、贫农、城市贫民、士兵预备期6个月，中农、职员、知识分子、自由职业者的预备期为1年，其他人员的预备期为2年。

1956年9月15日至1969年3月31日，入党时间为党支部大会接收为预备党员之日（须经上级党委批准），党龄从转正之日算起，预备期为1年。

1969年4月1日至1977年8月11日，入党时间为上级党委批准之日，无预备期，党龄同时开始计算。

1977年8月12日至1982年9月5日，入党时间为上级党委批准为预备党员之日，党龄从转正之日算起，预备期为1年。

1982年9月6日至今，入党时间为党支部大会接收为预备党员之日（须经上级党委批准），党龄从转正之日算起，预备期为1年。

二、特殊情况下的党龄计算

被延长预备期的党员,其党龄从延长预备期满后被批准为正式党员之日算起。

受留党察看处分的党员,在他们恢复党员权利之后,留党察看期间的党龄连续计算。

被错误地开除后又恢复党籍的党员,其党龄应连续计算。

因自行脱党、劝退出党、要求退党而出党或被开除党籍的人重新入党后,其党龄以重新入党后转为正式党员之日算起,以前一段的党龄不能计算在内。

由于多种原因而失掉一段时间党籍的党龄计算,应根据不同情况进行处理:凡经党组织决定恢复这段时间党籍的,其党龄从原被批准为正式党员之日算起。被批准重新入党,有预备期的,其党龄从预备期满转为正式党员之日算起;没有预备期的,其党籍应从上级党委决定重新入党之日算起,前段党龄不能连续计算。

第七节 党员监督

一、党务公开

1. 公开内容

(1)学习贯彻党中央和上级组织决策部署情况。

(2)任期工作目标、阶段性工作部署、重点工作任务及落实情况。

(3)加强思想政治工作、开展党内学习教育、组织党员教育培训、执行"三会一课"制度等情况。

(4)换届选举、党组织设立、发展党员、民主评议、召开组织生活会、保障党员权利、党费收缴使用管理及党组织自身建设等情况。

(5)防止和纠正"四风"现象,联系服务党员和群众情况。

(6)落实管党治党政治责任,加强党风廉政建设,对党员作出组织处理和纪律处分情况。

(7)其他应当公开的党务。

2. 公开范围

(1)领导经济社会发展、涉及人民群众生产生活的党务,向社会公开。

(2)涉及党的建设重大问题或者党员义务权利,需要全体党员普遍知悉和遵守执行的党务,向支部全体党员公开。

(3)涉及特定党的组织、党员和群众切身利益的党务,对特定党的组织、党员和群众公开。

3. 公开方式

(1)在党内公开的,一般采取召开会议、制发文件、编发简报、在域网发布等方式。

(2)向社会公开的,一般采取发布公报、召开新闻发布会、接受采访,在报刊、广播、电视、互联网、新媒体、公开栏发布等方式,优先使用党报党刊、电台电视台、重点新闻网站等党的媒体进行发布。

4. 监督与追责

(1)党支部应当将党务公开工作情况纳入向上一级组织报告工作,或者抓党建工作专题报告的重要内容。

(2)党支部应当每年向有关党员和群众通报党务公开情况,并纳入党员民主评议范围,主动听取群众意见。

(3)对违反党务公开规定并造成不良后果的,应当依规依纪追究责任。

二、党内监督

1. 党支部监督党员内容

(1)党员能否增强"四个意识",坚定"四个自信",做到"两个维护",坚决执行党的基本路线和各项方针、政策,执行党中央、上级组织和本组织的决议。

(2)党员能否参加所在党组织的组织生活,履行党员义务,完成党组织分配的工作任务。

(3)党员能否遵守党章党规,能否廉洁自律,遵纪守法。能否严格遵守中心有关规则制度。

(4)党员能否落实全面从严治党要求,严守党的纪律和规矩,特别是政治纪律和政治规矩,推进党风廉政建设和反腐败工作。

(5)党员能否坚持实事求是原则,认真调查研究,讲实话、办实事,求实效。

(6)党员能否尽职尽责,努力做好疾病防控本职工作,能否在疫情防控的关键时刻冲得出来,危急时刻豁得出去。

(7)党员能否坚持原则,敢于同各种错误倾向和违纪违法行为作斗争。

2. 监督的主要方式

1)内部监督。

(1)定期检查党员参加组织生活的情况,并向全体党员通报。

(2)定期召开组织生活会。会前,收集党员、群众的意见,如实转告本人或者在会上报告;会后,监督党员进行整改,并如实向上级党组织报告。

(3)了解并掌握本党支部党员的思想、作风和工作情况,及时向上级党组织反映。对于群众意见较大的党员,要及时谈话提醒。问题严重的要按照有关规定查处党员的违纪行为。

(4)做好群众来信来访工作。充分发挥党员监督作用,支持党员行使监督权利,履行监督责任,防止各种形式的打击报复,按要求做好党务公开工作。

2)外部监督。

(1)各党支部应支持中心民主党派履行监督职能,重视民主党派和无党派人士的意见。

（2）各党支部和党员应当认真对待、自觉接受社会特别是广大市民群众的监督。

3. 整改和保障

（1）党支部应当如实记录、集中管理党内监督中发现的问题和线索，及时了解核实，作出相应处理；不属于本级办理范围的应当移送有权限的党组织处理。

（2）党支部对监督中发现的问题应当做到条条有整改、件件有着落。整改结果应当及时报告中心党委。

（3）对不履行或者不正确履行党内监督职责的党支部和党员，以及纠错、整改不力的，依照《中国共产党纪律处分条例》《中国共产党问责条例》等规定处理。

（4）党支部应当保障党员知情权和监督权，鼓励和支持党员在党内监督中发挥积极作用，做好保密工作。

（5）党支部应当保障监督对象的申辩权、申诉权等相关权利。

三、处分党员

1. 基本要求

（1）违纪党员所在党支部接到关于该党员的违纪材料后，应先召开支委会，了解违纪事实，依据《中国共产党纪律处分条例》等相关法规、政策和上级纪委的意见，提出初步处理意见，并及时召开党支部党员大会讨论。

（2）召开党支部党员大会讨论决定给予违纪党员党纪处分，全体党员都应参加，党员因故请假不能到会的，党支部委员会应征求其对违纪党员处理的意见，受留党察看处分期间的党员和预备党员应参加会议，但不参加表决，违纪党员本人不能参加党支部党员大会或拒绝参加党支部党员大会的，应作出书面说明。

（3）有关上级党组织和纪检机关认为必要时，可派人员参加会议予以指导。

2. 党支部党员大会讨论决定的程序

（1）主持人（党支部书记或纪检委员）宣布党支部党员大会议题，报告参加党支部党员大会党员人数（含应到会人数、实到会人数、列席人员情况、缺席人员情况），实到会有表决权的党员超过全部应到会有表决权的党员半数，才可宣布开会。

（2）通报违纪党员的违纪事实和性质，组织学习《中国共产党纪律处分条例》等有关规定。

（3）违纪党员向党支部党员大会做检讨或申辩，本人因故不能参加会议的，会上应宣读其检讨或申辩材料。

（4）组织讨论。党支部委员会将初步处理意见提交党支部党员大会讨论，与会党员应畅所欲言，充分发表意见。允许其他党员为违纪党员辩护。主持人或参加会议指导人员，可以做必要的说明。会前个别征求因故不能到会的有表决权党员的意见，党支部委员会将他们的意见转告与会党员。

（5）进行表决。采取无记名投票的方式表决，赞成票数超过全部应到会有表决权党员的半数以上，方能形成决议（受处分者也可投赞成票或反对票）。否则，应暂缓做出决议。在暂缓做出决议的同时，须进一步向党员介绍违纪党员的错误事实、性质，并结合学习有关法规政策，充分酝酿后，再次召开党支部党员大会进行讨论。如果仍不能形成决议，应将党支部党员大会讨论情况和各种意见一并报请上级党组织或纪检机关研究决定。

（6）主持人宣布表决结果和决议。即宣布同意的人数，不同意和弃权的人数；是否形成决议和决议内容。

（7）记录人应该将党支部党员大会的全部活动如实记录，与会者应对自己的发言签名，如认为对自己的发言记载有遗漏或者差错的，有权申请补正。

（8）主持人宣布闭会。

3. 会后注意事项

（1）党支部党员大会通过的处分决议应交由受处分的党员签署意见，如本人拒绝签署意见，应写出书面说明一并上交。

（2）党支部党员大会后，应将党支部党员大会通过的处分决议及会议记录等有关材料报上一级党组织或纪检机关。在特殊情况下，区级和区级以上的各级党的委员会和纪律检查委员会有权直接决定给党员以纪律处分。

（3）违纪党员所在党支部应在上级党委或纪委对违纪党员的处分决定后一个月内，召开党支部党员大会，予以宣布执行。

疾控实践小贴士

中共广州市疾病预防控制中心委员会
分级谈心谈话制度

为进一步关心爱护党员干部及群众，了解党员干部及群众的思想情绪，不断加强教育、监督和管理，促进政治思想建设和党风廉政建设，增强凝聚力和战斗力，特制定本制度。

一、范围对象

（1）领导班子成员之间。

（2）领导班子成员与分管部室负责人、联系党支部委员之间。

（3）部室负责人与部室职工之间。

（4）党支部书记与党员群众之间。

（5）党员与党员之间。

二、方式方法

（1）按照领导干部分管部室和联系支部，实行一级抓一级、分级负责谈的办法。

（2）谈话频次要求：党政主要领导与领导班子成员个别谈心谈话至少每半年1次；领导班子成员与分管部室负责人和联系党支部委员之间至少每半年谈1次；部室负责人、党支部书记与党员群众之间至少每年谈1次；党员与党员之间，根据具体情况适时谈。

（3）遇到下列情况时，应及时进行谈心和谈话：工作变动、职务升降时；受到表彰、

奖励或批评、处分时；在工作中遇到困难或挫折时；班子成员家庭发生特殊情况时；在遵纪守法、廉政建设、思想作风方面出现问题或群众对干部在这些方面有反映时；对领导干部考核、考察或民主评议后，需要向班子成员通报情况、反馈意见时；离退休时；党员干部主动要求谈心时等。

（4）集体谈与个别谈相结合。既可采用"一对一"面对面的交流方式，也可采取"一对多""多对多"的方式。

（5）对因公出差等一时不能回来的党员要约定时间、地点进行面谈。对年老体弱、行动不便的党员则实行上门谈。

三、基本原则

1. 平等原则

领导干部要放下架子，以平等的心态和人性化的方式与谈心对象进行交流，不得居高临下、盛气凌人。对谈心对象对自己提出的批评意见，必须采取有则改之、无则加勉的态度，不得压制批评，严禁打击报复批评者。

2. 党性原则

要有坚持真理的勇气，切实掌握好批评与自我批评这个思想武器。要摒弃私心杂念，打消思想顾虑，本着对同志对事业高度负责的态度，把问题摆上桌面，把意见提在当面，不文过饰非、敷衍塞责，不搞姑息迁就、一团和气。

3. 求实原则

评价他人必须实事求是、客观公正，不带任何个人偏见，做到有根有据、实话实说，不得无中生有、任意夸大事实。开展自我批评，必须联系自己的思想、工作实际和廉洁自律情况，勇于正视自身存在的突出问题，讲实情、说真话，反映真实情况、暴露真实思想。对存在误解的问题，要如实说明情况，及时消除误解。

4. 尊重信任原则

谈心双方要端正态度，做到与人为善，坦诚相见，以利于沟通思想，增强团结，找准问题，及时整改。谈心一方出于对另一方的信任，将自己不希望让别人知道的一些心理感受、情感秘密谈了出来，另一方必须尊重其对自己的信任，注意为其保密，不要随意将其个人隐私泄露给他人。

四、主要内容

（1）了解和掌握谈心对象的思想、工作、作风、学习及生活等方面的情况。

（2）开展批评和自我批评，发现谈心对象存在的缺点和问题，明确努力方向，提出改正的办法和要求。征询谈心对象对自己的意见、建议和要求，帮助自己查找存在的问题，剖析存在问题的根源。

（3）开展谈心谈话要突出"讲政治"这个核心，通过相互交心，进一步增强"四个意识"，坚定建设有中国特色社会主义的信念，全面贯彻落实科学发展观，牢固树立全心全意为人民服务的宗旨和正确的世界观、人生观、价值观。

（4）开展谈心谈话要注意把执行上级有关廉政建设的规定和措施的情况作为重要内

容。通过谈心，增强廉洁自律意识，有效地抵制形式主义、官僚主义、享乐主义、奢靡之风等腐朽思想的侵蚀。

（5）开展谈心谈话要倾听谈心对象呼声，沟通彼此的思想和感情，消除彼此间的误解和隔阂，化解相互间的分歧和矛盾，增进彼此间的熟知和信任。

（6）其他认为必须谈心的事项。

五、具体要求

（1）区别不同对象谈。谈心对象有职务、岗位、阅历、年龄和受教育程度的不同，存在工作、学习、思想、生活状况的差别，谈心的重点和方式方法要因人而异、因事而异。

（2）领导干部带头谈。领导干部要自觉放下架子，主动与其他同志谈心，带头查摆问题，带头开展批评与自我批评，带头吐真情、讲实话，带头落实整改措施、改进工作，为党员群众作出表率。

（3）带着问题谈。跟谁谈、怎么谈、谈什么、解决什么问题，谈心前要有精心准备，做到胸中有数。要选择适当内容，讲究谈心方式，引导谈心对象说出真话、实话，提出过去不愿提、不便提的意见。要增强针对性，做到有的放矢，避免千篇一律、不着边际、不解决任何问题的空谈。

（4）谈心谈话中发现问题要及时解决，不使问题积累、矛盾扩大。对被谈话人提出的正确意见和建议，要积极予以采纳，在谈话中要求作出书面回复的事项应尽快回复。

第三章 党内生活和活动

第一节 党的组织生活

一、三会一课

（一）党支部党员大会

党支部党员大会是党支部的议事决策机构。

1. 会议时间

一般每季度召开1次。如有需要，可随时召开。

2. 与会人员

党支部全体党员参加会议，根据内容的需要，有时可以吸收非党员干部或入党积极分子列席。

3. 会议主持

党支部书记。党支部书记不能参加会议的，可以委托党支部副书记或党支部委员召集并主持。

4. 会议内容

听取和审查党支部委员会的工作报告；按照规定开展党支部选举工作，推荐出席上级党代表大会的代表候选人，选举出席上级党代表大会的代表；讨论和表决接收预备党员和预备党员转正、延长预备期或者取消预备党员资格；讨论决定对党员的表彰表扬、组织处置和纪律处分；决定其他重要事项。

5. 会议要求

（1）会议议题要求。党支部党员大会议题提交表决前，应当经过充分讨论。要增强支部党员大会的严肃性，不属于党支部党员大会学习讨论研究和决定的内容，不得提交党支部党员大会。党支部组织全体党员开展的例行性集中学习讨论，属于党支部党员集中学习会，不应视为支部党员大会。

（2）参会人数要求。党支部党员大会通过决议时，必须有半数以上有表决权的党员到会方可进行表决，赞成人数超过应到会有表决权的党员的半数为通过。如遇重大突发公共卫生事件或重大传染病疫情等，可视实际情况，采用线上会议形式开展。

（3）党支部党员大会形成的决议由党支部委员会负责检查落实。党支部党员大会流程图见附录九十四。

（二）党支部委员会会议

党支部委员会是党支部日常工作的领导机构。

1. 会议时间

一般每季度召开1次党支部委员会。如有需要，可随时召开。

2. 与会人员

与会人员为全体党支部委员会成员。

3. 会议主持

党支部书记或主持工作的党支部委员主持会议。

4. 会议内容

研究贯彻执行上级党组织和支部党员大会的决议和意见；研究党支部工作计划和工作总结；讨论和研究思想政治工作和党员教育工作；听取党支部委员会和党小组的工作汇报，分析党员和群众的思想状况；研究入党积极分子的培养教育及党员发展对象；讨论党支部工作重要事项和工作措施。

5. 基本任务

（1）传达学习党中央及省、市党委的有关文件、会议精神及领导同志的重要讲话。

（2）研究决定贯彻党的路线、方针、政策及执行上级决策的具体实施意见。

（3）研究制定党员干部思想作风建设和廉政建设的措施，研究党支部党的建设、党支部换届选举、党风廉政建设等重大问题。

（4）审定党支部工作计划、总结。

（5）听取党支部委员、党员对支部工作提出的建议，对工作进行监督和评议；听取党支部纪检委员工作汇报，研究分析干部党员队伍的思想动态，讨论制定加强文明建设、思想政治工作、意识形态等工作措施。

（6）研究党支部组织生活会的整改意见及改进工作的重要措施。

（7）审核预备党员及预备党员的转正。

（8）对重大违纪案件和事件作出处理进行研究。

（9）研究上级规定应由党支部委员会集体决定的党支部问题，以及需提交党支部委员会讨论的其他重大问题。

各党支部要监督所在部室疾控事业改革发展正确方向，参与重要决策，服务人才成长，促进事业发展。其中发挥领导作用的党支部，党支部委员会要进一步加强对党支部所在部室"三重一大"（重大决策、重要人事任免、重大项目安排和大额资金使用）事项的集体决策和研究，但不限于"三重一大"内容，主要内容如下。

A. 审核党支部所在部室中长期发展规划、工作计划、近期发展目标，经费预决算、经费分配使用原则。

B. 审核党支部所在部室重大项目投资决策。

C. 研究选拔党支部所在部室后备干部、确定培养方向、制定培养措施，审核职称职级晋升人员情况，审核各部室向上级推荐的主管以上优秀科技人才人选。

D. 审核党支部所在部室需在中心范围进行表彰的各类先进集体或个人，审核党支部所在部室拟申报市级及以上单位进行表彰的各类先进集体或个人。

E. 审核党支部所在部室大额资金使用。

F. 研究党支部所在部室工会、共青团、预备役、统战、离（退）休干部、计划生育工作等重大事宜。

G. 研究上级规定应由党支部委员会集体决定的支部所在部室问题，以及需提交党支部委员会讨论的其他重大问题。

6. 会议要求

对党支部重要工作进行讨论、做出决定等。党支部委员会会议须有半数以上委员到会方可进行。重要事项提交党员大会决定前，一般应经党支部委员会会议讨论。如遇重大问题要做出决定，到会的委员不超过半数时，必须提交党员大会讨论。会议形成的决议，应确定有关党支部委员会委员负责检查落实，并向书记报告执行情况。党支部委员会流程图见附录九十五。

（三）党小组会

党小组主要落实党支部工作要求，完成党支部安排的任务。

1. 会议时间

一般每月召开1次。

2. 与会人员

党小组全体党员。

3. 会议主持

由党小组组长主持。

4. 会议内容

学习党的路线、方针、政策，习近平新时代中国特色社会主义思想；传达上级党组织的指示、决议，讨论贯彻落实的具体措施及每个党员应承担的任务；党员汇报思想、工作、学习和执行党支部决议的情况；讨论对入党积极分子的培养教育和发展党员、预备党员的转正；评选优秀党员、讨论对违纪党员的处分；开展谈心谈话、开展批评和自我批评等。

5. 会议要求

党小组会要在党支部的统一安排部署和领导下开展小组的学习讨论和其他活动，党小组自发组织的党内活动需向党支部报告，经同意后方能开展。

党小组会流程图见附录九十六。

（四）党课

1. 上课时间

党支部一般每季度安排上1次党课，每年不少于4次。

2. 与会人员

党支部全体党员，一般可以吸收入党积极分子参加。

3. 党课内容

围绕各个时期的形势任务，党的中心工作，结合本单位党员状况和工作实际，生动地、有针对性地、形式多样地进行党的路线、方针、政策，党的基本知识和理论教育，党员的先锋模范作用教育等。

4. 党课要求

党课一般由党支部组织实施，每次党课以集中学习为宜。授课人可为党组织书记、支部委员和普通党员，有条件的可邀请党建专家教授讲党课。上党课必须做好充分准备，做到有计划、有主题、有教案、有实效，让党员受教育、增知识、强党性。党委（党组）班子成员每年至少到联系点和本人组织关系所在的党支部讲1次党课。

党课流程图见附录九十七。

5. 微型党课

在较短时间内，运用小的事例或实践来阐述、宣讲大的道理，给人以启发并产生共鸣，是党课的创新形式。与党课的区别在于微党课具有"以小见大、见微知著"的特点，但是存在主题提炼的平淡化和难充分体现出启人兴趣、使人易记的大众化的问题，因此，微党课不能代替党课。

二、组织生活会

组织生活会，主要指党员在党支部和党小组以交流思想、总结经验教训、开展批评和自我批评为中心内容的一种重要的组织生活制度，可与民主评议党员一并开展。

1. 会议时间

党支部每年至少召开1次组织生活会，一般安排在第四季度，也可根据工作需要随时召开。

2. 与会人员

组织生活会一般以党支部党员大会、党支部委员会会议或者党小组会形式召开。以党支部为单位召开的，由支部书记主持，党支部全体党员参加；以党支部委员会为单位召开的，由党支部书记主持，全体委员参加；以党小组为单位召开，由党小组组长主持，全体党小组成员参加。上级党组织班子成员要以普通党员身份参加所在党支部组织生活会。

3. 会议主题

上级党组织指定支部组织生活会主题的，应严格按指定的主题开展组织生活会；上级党组织未明确主题的，党支部要结合实际，认真研究确定组织生活会的主题。

4. 会议程序

1）做好会前准备。

（1）调查研究，听取意见。深入实际调查研究，广泛听取意见建议，主动征求群众特别是服务对象的意见，开展谈心谈话，聚焦会议解决的主要问题。

（2）研究确定组织生活会的主题。党支部提前与上级党组织沟通情况，听取开好组织生活会的意见；结合上级要求和党支部党员队伍建设情况，提炼确定组织生活会的主题。

（3）向上级党组织请示组织生活会的时间、主题。得到上级党组织同意后，将开会时间、地点提前通知本支部（党小组）党员。

2）做好会中引导。

（1）引导党员开展自我批评。党支部书记（党小组组长）应引导党员联系思想实际查摆问题，主要围绕会议主题，把自己摆进去、把工作摆进去、把职责摆进去，查摆问题和表现，剖析原因，进行深刻的自我批评。党支部书记（党小组组长）应率先垂范，带头开展自我批评。

（2）引导党员逐人开展批评。党员自我批评之后，党支部书记（党小组组长）要发动大家对他进行批评，指出问题与不足，分析问题成因。

（3）党员接受他人诚恳批评后，要做好小结和表态。

3）做好会后工作。

（1）组织生活会后，党支部要汇总支部党员存在的普遍性问题，制定支部党员队伍问题清单，并提交支部委员会进行讨论研究，并制定整改措施，认真加以解决。

（2）对会上受触动较大的党员，会后要指定专人找其谈话，做好思想工作，使其放下包袱，正确对待批评意见，改正问题与不足。

（3）及时向上级党组织汇报会议召开情况。

党支部组织生活会流程图见附录九十八。

5. 会议要求

（1）党员要结合组织生活会主题，撰写个人党性分析材料（对照检查发言提纲），会后上交党支部备案。

（2）因故不能参加组织生活会的党员，本人应向所在支部履行请假手续，并提交书面发言材料，书面发言材料应在会上宣读并列入会议记录。

（3）党支部要及时将组织生活计划通知在本支部过双重组织生活的党员领导干部，党员领导干部因故不能参加组织生活的，必须事先向党支部请假，党支部应认真记录党员领导干部参加组织生活情况，定期在党支部党员大会上通报。

三、民主评议党员

民主评议党员就是按照党章规定的党员条件，通过对党员的正面教育、自我教育和党内外群众的评议，以及党组织的考核，对每个党员在各项工作中的表现和作用做出客观的评价，并通过组织措施，达到激励党员、纯洁组织、整顿队伍的目的。民主评议党员可与组织生活会一并开展。

1. 评议时间

党支部一般每年开展1次民主评议党员，一般安排在第四季度开展。

2. 评议人员

组织关系在党支部的党员（包括党员领导干部）。预备党员和正式党员一样，也可以参加民主评议党员，但不能评为优秀。

3. 评议方式

党支部召开党员大会，按照个人自评、党员互评、民主测评、组织评定的程序，对党员进行评议。党员人数较多的党支部，个人自评和党员互评可以在党小组进行。民主评议党员可以结合组织生活会一并进行。会议由党支部书记或党小组组长主持。党员要对照党员标准、对照入党誓词，联系个人实际进行党性分析。

4. 评议程序

（1）学习教育阶段。在集中学习环节，党员人数较少的党支部可以党支部为单位组织集中学习，党员人数较多的党支部也可以党小组为单位组织集中学习。党员主要学习党章，党的政策、纪律和党内文件，也可以结合实际和评议内容学习有关文件，使每个党员都明确评议的目的、意义和要求，提高参加民主评议的自觉性和积极性。

（2）自我评价。党员对照党员标准，围绕评议内容，认真总结自己一年来的思想、工作、学习、纪律、作风等方面的情况，肯定成绩，找出差距，自觉检查言行，找准存在的问题及思想根源，在是否合格上进行自我认定。党员个人认真写好个人总结材料，并主动征求党员和群众的意见，总结上交党支部。

（3）开展民主评议。一般以党支部党员大会的形式开展民主评议党员，支部党员人数较多的（15名党员以上），以党小组为单位开展民主评议党员。民主评议主要分为自评和互评，评议中要认真开展批评与自我批评，敢于触及矛盾和问题，避免不带责任的评功摆好，对不宜公开批评的问题，可通过个别谈话等方式。党员本人在党支部大会或党小组会上做自我总结，汇报自我评议情况。然后党员进行相互评议。

（4）组织民主测评。一般召开党支部党员大会进行集中民主测评，单位相对分散或不便集中的党支部，可以党小组为单位进行测评。党支部参加民主测评的党员数应在党员总数的三分之二以上。党支部按照要求制定民主评议党员测评表，增强测评的针对性。民主测评结果，并非最终结果，仅为党支部综合分析和评定党员等次时的参考依据。

（5）评定党员等次。党支部委员会应按照党员评星定级的量化标准、民主评议情况和党员日常表现情况，按照少数服从多数的原则，综合提出评定意见，确定优秀、合格、基本合格、不合格四个等次，评为"优秀"的比例一般不超过党员总数的三分之一。党员等次评定结果应及时通报和公示。

民主评议党员流程图见附录九十九。

5. 党员表彰与处理

对评为优秀等次的党员，党组织应予以表彰。对评为不合格等次的党员，应区别不同情况，积极采取措施，及时教育帮助、促其转化，对仍不合格的严格按照党内有关规定稳妥有序进行组织处置。

6. 不合格党员处置

1）认定。对民主评议中被评为"不合格"的党员，党支部委员会要结合平时掌握的党员现实表现，对照以下情形，客观准确地认定不合格党员：一是理想信念缺失，二是政治立场动摇，三是宗旨观念淡薄，四是工作消极懈怠，五是组织纪律散漫，六是道德行为不端。

2）处置方式。对评定为不合格的党员，党组织要根据其表现和态度进行组织处置。处置方式分为限期改正、劝退、除名。

（1）限期改正。对缺乏革命意志，不履行党员义务，不符合党员条件，但本人能够正确认识错误，有继续留在党内的愿望、愿意接受教育并决心改正的不合格党员，党组织应要求其限期改正，时间一般不超过1年。对给予限期改正处置的党员应当采取帮助教育措施。限期改正期间，党员权利不受影响。

（2）劝退。对拒不改正或限期改正期满仍无转变的，应当劝其退党。

（3）除名。除名包括对丧失党员条件者除名、对要求退党者除名、对被劝告退党而坚持不退者除名和对自行退党者除名。党员具有下列情形之一的，按照规定程序给予除名处置：①理想信念缺失，政治立场动摇，已经丧失党员条件的。②信仰宗教，经党组织帮助教育仍没有转变的，劝其退党，劝而不退的。③因思想退化提出退党的，经教育后仍然坚持退党的。④为了达到个人目的以退党相要挟，经教育不改的，劝其退党，劝而不退的。⑤限期改正期满后仍无转变的，劝其退党，劝而不退的。⑥党员如果没有正当理由，连续6个月不参加党的组织生活，或不交纳党费，或不做党所分配的工作，按自行脱党予以除名。预备党员评价较差的不能劝退，可延长预备期，或取消预备党员资格。

3）处置程序。

（1）对初定为不合格党员的主要问题进行核实，并整理成综合性写实材料。材料内容一般包括党员简况、主要问题、评议意见、本人态度等。

（2）党支部对党员不合格表现进行调查，形成调查核实材料，材料内容一般包括党员简况、主要问题、评议意见、本人态度等。党支部委员会依照处置不合格党员的政策界限，提出初步处理意见，并听取被处置对象的意见。基层党委（具有审批预备党员权限的党委，下同）可派人参加。

（3）党支部将初步处置意见、调查核实材料报基层党委预审。对拟做出劝退、除名处置的，由基层党委报上一级党委组织部门预审。

（4）经预审同意后，党支部召开支部大会，通报对拟处置党员调查核实和预审的情况，讨论处置意见并进行表决。

（5）对做出限期改正处置的，由基层党委集体研究审批；对做出劝退、除名处置的，由基层党委集体研究提出审批意见，报上一级党委组织部门审查批准。党支部接到审批意见后，及时通知被处置党员，并以适当方式宣布。

（6）对收到限期改正处置的党员，党支部要通过谈心谈话、教育培训、结对帮扶等措施促其改正。限期改正期满，党支部对其进行评议，根据改正情况作出相应决议，按程序上报审批。对被劝退、除名的，基层党组织要认真做好思想政治工作。被处置党员对处置结果有不同意见的，按《中国共产党党员权利保障条例》规定提出申诉。党组织要按照规定进行复议、复查，并对本人作出回复。

四、主题党日

1. 活动时间

党支部结合工作实际，提前确定活动主题，做好计划和方案，每月相对固定1天（或2个半天）开展主题党日。如遇节假日或特殊情况，活动时间可顺延，原则上1周内完成。提前若干天在党支部群通知活动时间、地点和主题。

2. 活动内容

主要是开展"三会一课"、组织生活会、民主评议党员等组织生活组织党员集中学习、进行民主议事和志愿服务等。把落实"三会一课"、民主评议党员等组织生活与开展主题党日结合起来，党支部党员大会、党课和组织生活会等可安排在主题党日进行。活动内容要突出"党味"，突出庄重感和仪式感，使之真正成为党员学习日、党员议事日、党员奉献日。积极营造支部和谐氛围，增强党员荣誉感、归属感和责任感。

集中学习以下内容：

（1）加强理论学习。坚持深入学习党章党规，学习系列重要讲话，坚持读原著、学原文、悟原理，坚持联系实际学、带着问题学、不断跟进学。及时组织党员登录指定发布学习资料专区完成中心党委第一议题学习内容。

（2）加强党性教育。①廉政教育，根据党风廉政建设活动安排，组织党员观看警示教育片、参观廉政教育基地，增强自律意识。②红色教育，结合重大纪念日活动，到红色教育基地、革命烈士陵园等现场参观实践、走访慰问老党员和老干部，增强党员的理想信念、历史使命感和社会责任感。

（3）民主议事。对涉及党支部重大决策、重点工作，涉及群众切身利益的事项，党组织的公开承诺，年度工作计划和党组织按期换届等重大事项决定进行民主讨论，结合"五星党支部"创建、党员教育管理等内容，认真听取党员意见和建议，接受党员监督。

（4）志愿服务。着眼强化党员服务意识，结合党支部所在部室业务方向，利用自身专业优势，组织党员进社区服务、健康宣传、专家讲座、结对帮扶等，融合"我为群众办实事"等惠民工作，广泛联系服务群众，不断密切党群关系。业务科室可结合工作实际，进社区、机关、企事业单位等开展传染病、慢性病防治知识，指导群众健康生活方式等。

3. 活动方式

主题党日以党支部（党小组）为单位组织全体党员参加。党员领导干部要以普通党员身份参加所在党支部的主题党日活动，各党支部可根据活动主题，拓展参加党日活动的人员范围，邀请部室入党积极分子和群众代表参加，也可以多个党支部联合开展。活动地点一般安排在党员活动室进行，也可围绕活动主题，灵活安排活动地点。各党支部要积极丰富主题党日活动的方式方法，如部分党员因外出处置疫情等工作未能现场集中参与党日活动时，各党支部要探索实践"网上党支部"活动方式，运用各种信息技术平台，通过网络会议在线开展主题党日活动。

4. 活动要求

要增强党日活动的系统性和规范性，做到事前有计划，事中有记录，事后有总结。确保党日活动月度有主题、季度有安排、年度有计划，结合党员思想工作实际设计党日活动主题，做到主题鲜明、内容丰富、方式新颖、注重实效，防止活动随意化、形式化、平淡化、庸俗化。活动要以纪实记录的方式，记录在"党支部工作手册"中，对党支部活动和会议拍照留存，同时发活动通讯稿，同步到指定发布学习专区模块中。党员佩戴党徽参加，如有缺席需提前向支部书记提交请假申请。

五、谈心谈话

谈心谈话在形式上要体现灵活性，在时机上要把握及时性，在内容上要突出针对性、深度性和建设性，避免形式主义。

1. 基本范围

包括党支部委员之间、党支部委员和党员之间、党员与党员之间等。

2. 主要内容

（1）分析党员思想状态和心理状态，及时掌握党员思想、工作、生活和家庭情况等。

（2）对家庭发生重大变故和重大困难，身心健康存在突出问题的党员，以及由于工作变动、工作中遇到困难或挫折影响思想和心理的党员，对受到处分处置及有不良反映的党员，党支部均应开展谈心谈话，有针对性地做好思想政治工作和心理疏导。

3. 有关要求

（1）党支部每年度应至少开展1次全覆盖的谈心谈话活动。

（2）党支部依据上级党委指示，对照相关要求有符合需要开展谈心谈话情形的，也应及时安排谈心谈话。

（3）党支部书记要带头开展谈心谈话，也要接受党员、干部约谈。召开组织生活会、开展民主评议党员前，党支部书记应当与党员谈心谈话。

（4）年度谈心谈话要制定党支部谈心谈话计划表。谈心谈话要坚持问题导向，每次谈话要着力解决1～2个实际问题。谈心谈话要认真做好登记，被谈话人要在"党支部谈心谈话计划表"上签字确认，注明谈话时间，并注意保管记录。

（个别谈心流程图见附录九十九。）

六、请示报告

党支部请示报告主要包括党员向党组织、党小组向党支部、党支部向中心党委的请示报告。这也是向上级党组织汇报工作、反映情况、提出意见或者建议、答复上级党组织的询问的重要程序。

1. 报告时间

党支部应坚持每年向中心单位和本支部党员大会至少报告1次全面工作，接受中心党委和党员的评议和监督。

遇到重要情况，党支部要及时向中心党委进行专项报告。

2. 报告方式

党支部党员应通过组织生活会、谈心谈话等方式，将自己的学习、思想、工作和家庭情况，需要党组织帮助解决的有关问题，以及身边党员和党外群众中的先进事迹或不良倾向等，定期向党支部请示报告。

3. 外出期间的报告

党员外出期间，应当以适当方式主动与党支部保持联系，汇报外出期间的思想和工作情况。遇有特殊情况或突发事件，应及时向党支部请示汇报。

4. 报告层级

党员应逐级向上级党组织请示报告，必要时可按照有关规定越级请示报告。（请示报告模板、示例见附录一〇〇。）

第二节　争先创优活动

一、先进基层党支部的基本要求

1. 团结协作好

讲政治、讲纪律，与上级党组织保持一致，自觉维护党的路线方针政策，带头执行上级决策决议和工作部署。

坚持民主集中制原则，做到集体领导与个人分工负责相结合，分工具体，任务明确。

党支部委员会班子成员服从大局，工作相互支持配合，凝聚力强，组织协调作用发挥好。

2. 运行机制好

党支部委员会会议事规则、民主决策程序、效能建设、作风建设机制完善，管理制度健全。

认真贯彻落实科学发展观、重大事项由集体研究决定，决策科学民主。

执行力强，政令通畅，令行禁止。

认真落实民主生活会制度，定期召开民主生活会，敢于开展批评与自我批评，切实进行整改。

党务公开及时、内容真实规范。

3. 党员队伍好

执行有力，爱岗敬业，面对重大事件冲锋在前，迎难而上。

深入群众，大力开展各种"我为群众办实事"项目，努力为群众办实事、办好事，干群关系密切。

艰苦奋斗、勤俭节约，坚决执行中央"八项规定"，没有铺张浪费、大吃大喝现象。

4. 工作业绩好

圆满完成党委下达的各项目标任务，工作成效显著。

所属部室在综合目标考核中排名靠前。

5. 廉政建设好

认真贯彻执行党风廉政建设各项规定，做到分工明确，责任落实。

廉洁自律各项规定落实到位，无违规违纪问题发生。

6. 品牌建设好

能够结合业务工作特色，提炼具有疾控特色的支部工作法，融合疾控特有的民生业务，推出惠民支部品牌。

7. 群众反映好

工作措施符合群众意愿，工作作风和工作实绩群众满意，党支部得到群众拥护，党员在群众中有良好形象。

及时受理群众诉求，切实维护群众利益，无越级、集体上访发生。

二、优秀共产党员的基本要求

模范履行党员义务，正确行使党员权利，自觉履行党的纪律，在生产、工作、学习和社会生活中带头发挥先锋模范作用。努力做到"五带头"。

1. 带头学习提高

认真学习马列主义、毛泽东思想、邓小平理论、"三个代表"重要思想、科学发展观、习近平新时代中国特色社会主义思想，自觉坚定理想信念，刻苦钻研业务知识，努力提高自身党性修养和综合素质。

2. 带头争创佳绩

具有强烈的事业心和责任感，埋头苦干、开拓创新、无私奉献，在本职岗位上做出显著成绩。

3. 带头服务群众

积极帮助群众解决实际困难，自觉维护群众正当权益。

4. 带头遵纪守法

自觉遵守党的纪律，模范遵守国家法律法规。

5. 带头弘扬正气

发扬社会主义新风尚，敢于同不良风气、违纪违法行为作斗争。

第一编　党支部建设规范

三、党内表彰的基本要求

1. 先进性

受表彰的先进集体和个人，要有鲜明的时代特征。要表彰具有时代特点的、具有高尚思想风范和道德品格的、能催人奋进的、有很强的示范和导向作用的先进典型。

2. 时效性

要根据形势和任务的要求，及时发现先进典型，并进行表彰、宣传。

3. 严肃性

在表彰对象的评选和考察中，要坚持实事求是的原则。先进事迹力求真实、准确、具体、生动，不能人为地拔高，不搞一好百好。表彰对象要有广泛的群众基础，能够真正起到示范作用。

4. 规范性

表彰工作要在党委领导下，严格按规定程序进行，不得降低标准，随意设置表彰项目。

四、党内表彰的一般程序

1. 启动

开展表彰的党支部制定表彰工作方案，报中心党委审批备案。

2. 推荐

采取自下而上、上下结合的方式组织支部党员和党小组进行推荐，逐级研究提出推荐对象，并报中心党委进行考察。

3. 考察

中心党委对推荐对象进行考察，征求纪检部门和相关部室意见。经考察合格后，向开展表彰的党支部提出建议表彰对象。

4. 审核

开展表彰的党支部对建议表彰对象进行审核。经审核符合条件的，确定为拟表彰对象。

5. 公示

开展表彰的党支部对拟表彰对象进行公示。

6. 决定

开展表彰的党支部召开会议，集体研究确定表彰对象，做出表彰决定。

7. 宣传

中心党委及开展表彰的党支部对表彰对象进行广泛宣传，发动广大干部职工向先进典型学习。

第三节 党支部评星定级

党支部要结合民主评议党员工作，每季度开展1次评星定级活动。

一、目标任务

坚持实事求是、客观公正、注重实效、简便易行的原则，实行自我评价与检查考核、支部自评与党委考评、季度阶段评分与年度综合评定相结合的方法，通过党支部评定星级，努力建设政治引领好、组织队伍好、制度落实好、作用发挥好、工作作风好、阵地建设好的"六好"党支部，促进各党支部创优争先，发挥战斗堡垒作用，以党建工作引领业务建设，推动中心各项工作高质量、高标准落实。

二、实施范围

在广州市疾病预防控制中心各在职党支部全面实施评星定级，并鼓励有条件的离退休党支部同步开展。

三、评定标准

1. 星级评定标准

按照五星、四星、三星和不定星级开展评定。年度考核90分以上者可被评为五星；80~89分者可被评为四星，60~79分者可被评为三星，不满60分者和存在"一票否决"项的党支部不被定星级。目前五星党支部参考总量30%确定，后期可根据实际情况调整比例。

2. 积分评定标准

根据《广州市直属机关党支部评星定级标准》和《广州市卫生健康委系统党支部评星定级标准》，结合广州市疾病预防控制中心党组工作要求，制定《广州市疾控中心党支部评星定级标准》，考核积分由基础分、加分项、扣分项构成，另设"一票否决"项。

基础分项目主要依照《中国共产党支部工作条例（试行）》《中国共产党党和国家机关基层组织工作条例》等党中央和省委、市委部署要求，以及广州市精神文明创建13项专项行动实施方案和委属单位党组织工作目标管理考核细则等文件要求提出，主要包括"六个好"要求；加分项主要围绕支部突出工作成效、对广州市疾病预防控制中心党建工作贡献、发展党员情况等进行设置，年度奖励加分总额一般不高于10分；扣分项主要围绕党支部出现重大问题设置，具体加分项和扣分项由中心党委根据实际设定。对不执行上级决定或打折扣，不支持不配合重点工作；党支部委员不团结、组织生活不正常的；党支部书记受到党纪政务处分或刑事处罚的；因工作不力导致发生重大事件，造成不良社会影响等，列为"一票否决"项。存在"一票否决"事项的党支部不定星级。

四、组织实施

1. 评定周期

每年为 1 个周期，实施每季度进行 1 个阶段评分，每年进行 1 次综合评定，于次年 1 月底前，结合党组织书记抓基层党建、述职评议考核等工作，评出党支部的星级。

2. 方法步骤

评星定级工作按照以下程序进行：

（1）党支部自评。各党支部每季度对照分类定级标准开展自评打分，填写自评结果报送中心党委。

（2）综合考评。季度评分：广州市疾病预防控制中心党委根据评分标准对所属党支部"六好"建设情况进行检查考核、量化评分，并结合党支部自评得分综合评分。年度评分：综合考量党支部作用发挥情况，当年工作开展情况，听取中心纪检室意见，进行综合评定和考核打分，确定拟推荐参与星级党支部评比的党支部名单。按照 4 个季度总分均值，统计加分、扣分项目，算出综合得分，在此基础上，中心党委对所属党支部，根据综合得分及党支部建设形势、中心工作完成等情况，进行认真研究、综合评定。

（3）公示确定星级。机关党委将审定的机关党支部、直属党支部的评星定级结果，与各党委、党总支审定的评星定级结果一起，在机关党委系统内公示 5 天。公示无异议后提交委党组会议研究确定星级。

（4）亮星授牌备案。机关党委将最终评定结果及时通报各基层党支部并报市工委备案。

五、结果运用

1. 推动创先争优

评星定级结果与评优评先、党支部书记和班子成员提拔任用等直接挂钩，一个评定周期内党支部星级上升或下降的，党支部书记的年度述职评议要同步调整。将评星定级作为各级党组织评选表彰的重要依据，表彰先进党组织、优秀党务工作者一般应从"五星"党支部中产生。

2. 实行动态管理

评星定级每年可升可降，有进有出，可越级晋位或降星。对不定星级的党支部书记、组织委员及时约谈，责令限期整改。限期内整改效果不明显的，视情对党支部书记、组织委员及时作出组织调整。

3. 加强整改提升

按照"推动达标、晋位升级，巩固提升、整顿后进"的要求，在"五星"党支部中实施"示范"工程，在委系统获评"五星"的党支部中结合"两优一先"表彰优选"市先进党支部"；在"四星"党支部中实施"提升"工程，查漏补缺，比学赶超；在"三星"和"不定星级"党支部中实施"整改"工程，查找问题、立行立改。对连续两年

被评为"三星级"或"不定星级"党支部,由中心党委安排班子成员定点联系帮扶,限期整改。

第四节 结对共建工作机制

党支部要结合本单位疾病预防控制的职能,充分发挥疾病预防控制技术专业特长,坚持问题导向和目标导向,和其他党支部广泛开展纵向和横向共建。以党组织为纽带,以协议和协商等形式,积极丰富共建共治共享的平台载体。实现和结对共建单位的优势互补、资源共享、共建共融。做到干实事、解难事,促进业务融合发展。抓沟通,强协同,构建发展良好机制。

一、共建时间

一般每半年进行1次共建活动。如有需要,可双方随时交流沟通。

二、参与人员

双方党支部成员及技术骨干。

三、共建目标

优势互补、资源共享、共建共融,更好地为人民服务。

四、共建方式

党建引领、深度融合、协同发展。

五、共建内容

根据双方的需求及资源优势,结对共建,实现资源共享、优势互补、共建共融、协同发展。推动组织联建、资源联用、活动联办、服务联做。

六、结对共建程序

1. 深度调查研究,听取意见

明确双方的需求,提出资源清单、需求清单、项目清单,广泛听取党员及群众意见。对党建工作、业务发展、沟通机制等方面进行沟通交流,明确共建内容。坚持党建引领,围绕人才队伍建设、省级区域公共卫生中心建设、公共卫生人才培养基地建设、生物样本库建设、信息中心建设等中心中长期发展规划,结合健康广州行动、基本公共卫生服务、12320卫生服务热线等惠民工程,发挥疾病预防技术专业优势,根据需求,制定结对共建主题目标,实现资源共享、优势互补、共建共融、协同发展。推动组织联建、党员联管、

第一编　党支部建设规范

资源联用、活动联办、服务联做。

2．确定共建时间及方式

党支部与上级党组织沟通汇报，根据结对共建主题目标，确定共建时间，科学制定结对共建方案。

3．开展共建活动

通知党支部成员及技术骨干，依照共建方案，开展结对共建活动。通过学党史，促交流，推动结对共建常态化。建立共同学习机制，联合开展主题党日活动，促进党员学习交流，根据工作需求，结合业务实际，建立健全双方交流沟通机制。要干实事、解难事。针对结对单位的技术难题，提供全方位支持，包括派技术骨干上门指导、接收结对共建单位派人员来进修学习、电话等信息沟通，确保随时提供全方位的技术支持。

4．做好结对共建记录

对制订的后续计划，要追踪实现。（结对共建流程图见附录一○二。）

第五节　党员志愿服务

党支部结合部室业务工作通过主题党日活动开展一系列的党员志愿服务活动。通过党员向社区报到，积极开展党员社区志愿服务。

1．服务时间

党支部每年组织党员志愿服务活动不少于4次，党员志愿者每年参加志愿服务时间一般不少于24小时。

2．服务机制

完善党员志愿服务机制，每年有计划开展党员志愿服务和各类主题服务活动。窗口单位党支部结合本单位职能设立党员志愿服务岗，引导党员立足岗位开展志愿服务。

3．联系方式

抓好联系基层、联系群众"双联系"制度落实，按要求开展党组织和党员到社区报到服务。

参考文献

［1］共产党员网．中国共产党章程［EB/OL］．（2022-10-22）［2023-10-31］.https://www.12371.cn/special/zggcdzc．

［2］共产党员网．中国共产党组织工作条例［EB/OL］．（2021-06-02）［2023-10-31］.https://www.12371.cn/2021/06/02/ARTI1622638688535935.shtml．

［3］共产党员网．中国共产党支部工作条例（试行）［EB/OL］．（2018-11-25）［2023-10-31］.https://www.12371.cn/special/zbgztlxxsc/．

［4］共产党员网．12种党组织生活方式［EB/OL］．（2018-06-04）［2023-10-31］.https://news.

12371.cn/2018/06/04/ARTI1528067847227545.shtml.

［5］余维法.基层党组织生活质量的现状与建议：基于对广东省的实证分析［J］.政治学研究，2011（5）：48-57.

［6］共产党员网.中共中央办公厅印发《关于加强基层服务型党组织建设的意见》［EB/OL］.（2014-05-28）［2023-10-31］.https://news.12371.cn/2014/05/28/ARTI1401277806402963.shtml.

［7］广州市直机关工委.广州市直属机关开展党支部评星定级推进模范机关建设实施方案［Z］.2020-08-31.

［8］中共广州市卫生健康委员会.调整优化2023年委系统党支部评星定级工作有关问题的通知［Z］.2023-05-29.

［9］中共广州市疾病预防控制中心委员会.党支部评星定级推进基层党组织建设实施方案（2023年修订版）［Z］.2023-07-24.

第四章 基础保障

第一节 阵地建设

一、基本要求

有条件的党支部要建立党员活动固定场所，配备必要的活动设施，满足党员议事、教育、培训、活动需要。不具备条件的，中心党组织通过一室多用、资源共享的方法解决。

二、建设标准

按照"党建元素庄重、功能设施齐备、环境氛围优良、党员群众满意"原则建设党员阵地。党员人数较多、有条件的科室至少设有1间党员活动室；党员人数较少、不具备单独设置党员活动室条件的相邻党支部，按照共建共享共用的原则，可按每3～5个党支部联合设置1间党员活动室。

第二节 经费保障

单位党支部活动经费，列入单位经费预算，保障党建工作需要。党支部开展党建活动的经费应依据支部的活动方案和经费预算向上级党组织申请。

一、经费预算

机关（事业）单位党支部活动经费和党支部书记、委员、党员教育培训经费，列入单位行政经费预算，保障党建工作需要。开展重大活动时，专项经费应及时拨付到位。

二、经费拨付

基层党建工作经费拨付使用，要向党支部倾斜。上级党委应根据工作需要，每年向党支部下拨党费，支持党支部开展党的活动。

第三节 激励关怀

一、激励表彰

上级党组织要将党支部书记述职评议考核结果作为个人年度考核、评先评优、选拔使用的重要依据。注重培养树立党支部书记先进典型，及时向本单位本系统推介和向上级党组织推优。对作用发挥好、工作业绩突出的党支部书记、委员，定期进行表彰。党支部根据民主评议党员结果，对评定为优秀等次的党员予以表扬。

二、关怀帮扶

在中国共产党成立纪念日或其他重大节日，对先进模范党员、老党员、生活困难党员和因公牺牲党员干部家庭进行走访慰问。对本人或家庭遭遇灾害事故、突发性事件的党员，及时走访核实，有针对性地解决困难，送去温暖。积极探索党员过政治生日、设立心理辅导员等党内关爱新方式。

第四节 工作台账

一、基本内容

基础工作台账一般包括"三会一课"、组织生活会、主题党日、谈心谈话、党费收缴、发展党员、学习教育培训等方面内容。

二、基本方式

基础工作台账通常以党支部会议记录本、工作手册等形式体现，建立电子台账的也应有相应的纸质资料。党支部会议记录本要如实记录党员个人基本情况及发展培养、教育培训、交纳党费、奖惩、受助、廉洁自律等方面的情况；"三会一课"、主题党日等组织生活开展情况，要详细记录会议、活动的时间、地点、人员、主题、内容等要素。

三、基本要求

党支部应建立健全基础工作台账，做到资料完备、工作留痕、管理规范。各类台账要做到及时、准确、完整、清晰，杜绝弄虚作假、补记补录等现象。党支部工作记录须由党支部书记（会议主持人）签字。

四、资料管理

党支部应对各类资料分门别类管理，按照组织设置、班子建设、发展党员、组织生活、党员教育、党员管理、党费收缴、制度计划等8个方面设置，分门别类归档。

第二编　疾控特色举措

第五章　党员突击队制度

党员突击队是党建工作适应新形势、解决新问题、探索新经验、开创新面的有效载体，能有效实现疾控工作中党建工作与业务开展的有机融合。

一、组织

党员突击队由中心党委统一领导，设立在党支部、临时党支部或联合党支部之下，是用党的理论集中力量解决疾控工作中的急、难、险、重任务而临时组建的队伍。由中心在岗党员自发组成，设立队长1名，根据工作实际设立副队长。

二、申请

1. 部门负责人向部室所在党支部书记报告情况

应急部部长、副部长：×书记（党支部书记），近期的疫情传播速度非常快，上级也要求我们必须以快制快，不让疫情进一步扩散。我们需要组建党员突击队，凝聚力量全力以赴攻坚流调工作，现将这个紧急情况向您报告。

×书记（党支部书记）：我同意。我们需要激发党组织与党员的战斗力，我尽快组织支部撰写建立党员突击队的书面申请并尽快提交分管领导审批。

分管领导：我同意。请尽快将申请提交中心党委。

> 💡 **疾控实践小贴士**

党支部或部室接到急难险重任务后，及时将任务需求向党支部书记和分管领导反馈，并书面向中心党委提出设立党员突击队的申请。

三、建立

1. 召开党委会审议组建

中心党委书记：今天我们党委会的一个议题是审议应急免规支部提交的关于组建党员突击队的请示，主要是攻坚本次疫情的流调工作……请大家审议。

党委委员：我同意。坚决打好打赢疫情防控硬仗是当前重大政治任务，组建党员突击队有利于充分发挥基层党组织战斗堡垒作用和党员模范作用，从严从紧落实各项疫情防控措施。

中心党委书记：那我们接下来研究党员突击队的负责人和成员。

党委委员：鉴于主要是攻坚流调任务，建议由流调专班队长和副队长分别担任党员突击队队长和副队长，成员为流调大队全体党员，包含中心党员和借调党员，其他中心党员随时待命充实进突击队。

> 💡 **疾控实践小贴士**

（1）中心党委根据工作实际，第一时间研究建立党员突击队。如遇特别紧急情况，经请示中心党委负责人同意后可直接建立。

（2）党员突击队的负责人由中心党委指定，成员以任务所对应专业的党员骨干为主力，根据实际工作任务需要可实现跨部门、跨专业、跨岗位的党员统一调配。

（3）中心全体党员要时刻高度重视自己的使命、职责、任务，根据具体工作的部署、分工积极参与，全力以赴执行任务。

四、撤销

1. 书面提出申请

党员突击队队长：我们本次疫情已经全面阻断，流调任务完成，请副队长牵头向中心党委书面提出突击队撤销申请。

2. 中心党委根据工作任务实际情况研究做出批复

> 💡 **疾控实践小贴士**

党员突击队根据工作任务完成情况，向中心党委书面提出突击队撤销申请，中心党委根据工作任务实际情况研究作出批复。

五、工作要求

（1）党员突击队全体党员要带头提高政治站位，率先把思想和行动统一到急、难、险、重的工作任务上；要带头转变工作作风，以"干"字当头、"实"字托底，率先深入一线和基层；要带头排忧解难，解决工作任务中遇到的实际困难；要团结一致、甘愿奉献、勇挑重担、攻坚克难，切实发挥战斗堡垒作用和共产党员的先锋模范作用。

（2）行动务必遵照工作规范、严守工作纪律，发挥好民主集中作用，及时反映开展工作和任务中遇到的新情况，积极提出意见建议。

（3）围绕工作任务，及时把工作情况、先进典型事迹向党支部汇报，相关档案报办公室留底和管理。

（4）党员突击队以完成工作任务为重点，党员队员的政治学习、教育、日常管理、监督等工作由所属党支部、临时党支部或联合党支部负责。

（5）党员突击队的工作表现作为党员考核、评议党支部工作的一项重要依据，并作为党内评选先进党支部、优秀党员的重要依据。

参考文献

[1] 共产党员网. 中国共产党章程[EB/OL].（2022-10-22）[2024-08-30]. https://www.12371.cn/special/zggcdzc.

[2] 共产党员网. 中国共产党组织工作条例[EB/OL].（2021-05-22）[2024-08-30]. https://www.12371.cn/2021/06/02/ARTI1622638294027912.shtml.

第六章 "双带头人"制度

为全面提高中心党支部书记政治理论水平和履职能力，更好地发挥党支部书记在加强基层党组织建设、业务科研等方面的骨干带头作用，结合广州市疾病预防控制中心党支部书记队伍建设实际，建立党支部书记党建带头人、学术带头人（以下简称"双带头人"）培育机制。

一、培育目标

（1）建立健全中心党支部书记选拔任用、培养教育、作用发挥、管理监督、激励保障等机制，有效提高党支部书记队伍的整体素质。

（2）坚持双向提升，把符合条件的学术带头人培养为党支部书记，把有条件的党支部书记培养成为学术带头人，持续提升党支部的政治功能和服务功能，推动党建工作和业务科研发展双促进。

（3）积极引导党员学术骨干、学科带头人热心党建工作，自觉在业务、科研和党建工作中发挥先锋模范作用。

二、选拔任用机制

（一）任职条件

"双带头人"党支部书记应当具备思想政治素质好、党务工作能力强、业务科研能力强的"一好双强"的标准，原则上从部室负责人且具有副高级以上专业技术职务的党员学术骨干、专业带头人中选任。①思想政治素质好。理想信念坚定、品德修养好、群众威信高，认真贯彻执行党的方针政策，自觉践行科学发展观，办事公道、乐于奉献。②党务工作能力强。热爱党务工作，善于做思想政治工作和群众工作，能够妥善处理矛盾，维护和谐稳定，组织带领党员群众完成好本职工作。③学术科研能力强。学术水平、科研能力在中心领先，能够在学科建设、科学研究等方面起到带头作用。

（二）选配方式

"双带头人"党支部书记的选任，严格遵循党章党规有关规定和程序，由中心党委统一领导，支部委员会或党员大会选举产生。

（三）后备人才

建立健全"双带头人"后备人才长效培养机制，及时把政治素质好的业务骨干培养发展为党员，把专业基础好的党员培养发展为业务骨干，为"双带头人"党支部书记提供后备人才支撑。

三、教育培训机制

（一）培训计划

培训分集中培训和日常培训两个层面进行。每年集中培训由中心办公室会同人事、科教等部室制订培训方案，组织员工参加各类党课培训（含网络培训）和提升行政、业务履职能力的培训，原则上每年开展至少5天党支部书记集中轮训。日常培训由党支部负责。对有培养潜质的学术带头人和党员，党支部要分别通过集中培训、专题辅导、实践锻炼和科研立项、组建团队、外出研修等方面予以指导扶持的形式提升其综合素质。

（二）培训内容

对"双带头人"党支部书记的教育培训，既要突出用习近平新时代中国特色社会主义思想武装头脑，提高思想政治素质，又要针对党员骨干、专业带头人特点，加强业务、科研、社会服务、做好群众工作及党务工作等方面知识能力的学习培训，切实提高党支部书记贯彻执行党的政策、融入中心工作、联系服务群众和加强党支部自身建设的能力。

（三）培训方式

采取集中培训、在线学习、案例教学、专题研讨、考察体验、经验交流等多种形式进行培训。

四、管理监督机制

（一）目标管理

根据中心《党风廉政建设责任制度》和《领导干部述责述廉制度》，中心党委与党支部书记签订《党风廉政建设责任书》，实现业务工作与廉洁自律同部署、同责任、同考核。

（二）考核监督

中心党委每季度对各党支部全面对标习近平新时代中国特色社会主义思想、全面对标党的二十大精神、全面对标党章党规党纪、全面对标《广州市卫生健康委系统开展党支部评星定级推进基层党组织建设全面进步全面过硬实施方案》要求，落实党建工作重点任务等情况进行检查，对作风不实、履行职责不到位、党员群众有不良反映的党支部书记，应当及时批评教育，督促整改；对工作任务完成情况差、作风不实、党员群众反映强烈的党支部书记，按有关规定及时调整。

五、激励保障机制

中心在干事平台、发展空间、待遇保障等方面支持"双带头人"党支部书记培育工作，经年度考核合格，落实党务工作量，作为干部提拔和评优评先的重要依据。

参考文献

[1] 共产党员网.中国共产党章程[EB/OL].(2022-10-22)[2024-08-30].https://www.12371.cn/special/zggcdzc.

[2] 共产党员网.中国共产党组织工作条例[EB/OL].(2021-05-22)[2024-08-30].https://www.12371.cn/2021/06/02/ARTI1622638294027912.shtml.

[3] 共产党员网.中国共产党支部工作条例(试行)[EB/OL].(2018-10-28)[2023-10-31].https://www.12371.cn/special/zbgztlxxsc/.

第七章　智慧党建

为适应时代发展要求，充分运用互联网技术和信息化手段改进党员教育管理工作，推进基层党建传统优势与信息技术深度融合，提高党员教育管理现代化水平，广州市疾病预防控制中心党委决定在各支部管理工作中启用中国银行"复兴壹号"党建平台，建立"党组织信息、党员信息、组织生活信息"三本明白账，实现对党组织建设和党员队伍建设的宏观把握与动态管理。各党支部通过该平台记录了支部"三会一课"、专题组织生活会、主题党日活动等组织生活开展情况并形成统计报表，用数据来体现组织活跃度，使党支部党内制度落实情况一目了然。此外，党员无论身处何地都能交纳党费，利用碎片化的时间参加线上学习活动和在线测评，延伸了党组织开展工作的触角。尤其是"复兴壹号"App端的"党建圈"功能，成为广州市疾病预防控制中心党委和党支部组织生活和党内制度落实情况记录分享的有效工具。各党支部每开展1次活动，都能通过"党建圈"以图文、音视频等形式分享出来，为交流党建工作经验搭建了直接、便捷的沟通渠道，充分激活了党建活力，给广大党员干部创造了"全方位""全天候"的党建氛围。

一、使用项目

（一）录入模块

"复兴壹号"党建平台中"党组织管理模块"——组织生活、信息发布、党建圈、活动专区、换届选举、民主评议，"党员教育管理模块"——学习资源管理和题库管理。

（二）具体要求

（1）"组织生活"实时记录各级党组织"三会一课"、民主生活会、专题组织生活会等组织生活开展情况，并形成统计报表。要求党支部与纸质版党支部记录本同步维护，具体会议内容可以拍照纸质记录本图片上传系统（在PC端操作）。

（2）"信息发布"要求根据党支部需要发布组织生活通知或学习通知等党支部内事宜（在PC端操作）。

（3）"党建圈"要求党支部同步中心OA党建园地通讯稿，将党支部活动以图文、音视频等形式通过手机端分享到党建圈（在App操作）。

（4）"活动专区"党支部组织设定学习主题，组织开展集体学习；在线组织各种类型的考试测评和知识竞赛活动（在PC端操作）。

(5)"换届选举"要求开展换届后由党支部录入(在 PC 端操作)。

(6)"民主评议"要求每年开展民主评议后由党支部录入(在 PC 端操作)。

(7)"学习资源管理"要求党支部根据实际需要,自主选择已有在线课程或自主录入学习资源组织学习(在 PC 端操作)。

(8)"题库管理"党支部根据各种类型的考试测评和知识竞赛活动提前录入题库(在 PC 端操作)。

二、分步实施

(一)第一阶段:着力培训

邀请"复兴壹号"中国银行相关团队来中心进行培训,主要针对培训党支部委员,重点培训党组织生活管理录入维护、党费管理、党组织活动信息、事迹信息发布等功能。(2021 年 5 月中旬完成。)

(二)第二阶段:着力试点

组织中心 2021 年度五星党支部试点使用平台,为全面启用打下基础。(2021 年 5 月中旬至 6 月中旬完成。)

(三)第三阶段:全面启用

组织中心全体在职党支部运用平台进行党支部思想建设、组织生活管理、文化建设的全面记录和管理。(2021 年 6 月中旬开始。)

(四)第四阶段:考核管理

视运行情况,将"复兴壹号"使用列入党支部评星定级评分参考,作为党支部书记述职评议考核重要内容。(2021 年年底开始。)

三、工作要求

(1)具体操作和使用详见前期内网传阅党支部委员的视频教程和使用手册。

(2)要求党支部对全体党员进行宣贯《广州市疾病预防控制中心党建平台管理规定》,确保平台建设内容符合网络意识形态和保密的要求。

(3)平台各项功能还在升级和完善中,具体使用过程中有建议可随时向办公室反映。

广州市疾病预防控制中心党建平台管理规定见附录一○三。

第八章 标准化手册

一、背景

党支部开展标准化、规范化建设存在不平衡，部分党支部存在水平不够高、理论根底不够深、工作思路不够开放等问题，导致未能全面地实施标准化、规范化建设。因此，建立一套科学规范、具有较强系统性和操作性强的标准势在必行。

二、主要目的

编写疾控系统扎实推进基层党建的工具书，以简洁、直观、可操作的形式呈现给各级党务工作者，供基层疾控党支部借鉴参考。

三、主要做法

（1）根据最新要求核实编写依据。根据中国共产党章程、关于新形势下党内政治生活的若干准则等有关党内法规和规定，编写《广州市疾控系统基层党组织党建实操指南》。

（2）结合疾控特色确定编写内容。按照组织设置、党员教育管理监督、党内生活和活动、基础保障等方面进行系统、全面的整理和归纳。同时，紧扣疾控行业党建特点，全面梳理党支部建设操作程序、特色党建举措和疾控党建案例，进一步收集整理在党支部标准化、规范化工作中的成功案例和好的做法。

（3）咨询专家团队建议指导。专程拜访广州市委党校党建教研室主任武三中教授，指导指南的内容和编写。

（4）动员全体党支部委员开展编写。召开会议部署编写工作，编写人员由中心党务人员、党支部委员共同参与。由中心党务人员汇总各章节并进行3次校稿核对。

四、主要历程

（1）2022年7月，专程拜访广州市委党校党史党建教研部主任武三中，请武教授指导《广州市疾控系统基层党组织党建使用指南》的内容和编写。

（2）2022年8月10日，召开广州市疾病预防控制中心新任党支部委员工作会议，对编写《广州市疾控系统基层党组织党建使用指南》进行党支部分工。

（3）12月，由广州市疾病预防控制中心党务人员汇总各章节并进行3次校稿核对。

五、取得的成效

（1）达到汇编成册的目的。目前已全面梳理21项党支部建设操作程序，包含党支部的设置、职责及选举、发展党员、党员教育培训、党组织关系管理、党费收缴使用管理、党员监督、党的组织生活、主题教育、争先创优活动、党支部评星定级、党员志愿服务、阵地建设、经费保障、慰问关怀、工作台账等内容；8项疾控特色党建举措，包括党员突击队制度、双带头人制度、智慧党建、标准化手册、党员干部夜校、党支部重要事项决策和监督机制、党建带群建工作机制、党支部谈话机制和13篇疾控党建案例，已汇总成稿。

（2）达到简洁明了的效果。提供配套工作指南、流程图和参考文本，以简洁、直观、可操作的形式呈现给各级疾控党务工作者。

（3）达到务实管用的作用。《广州市疾控系统基层党组织党建使用指南》是推动疾控基层党组织全面进步、全面过硬的基础性、统领性工作，让疾控系统党支部建设有标尺，有方向，有依据。

六、特色亮点

《广州市疾控系统基层党组织党建使用指南》力求结合疾控系统特色，按照党支部建设规范编、疾控特色举措编、党支部建设案例编三个部分，全面梳理党支部建设重点工作要求和操作程序，以及结合疾控工作实际和党建特色举措，包含党员突击队制度、双带头人制度、智慧党建、标准化手册、党员干部夜校、党支部重要事项决策和监督机制、党建带群建工作机制、党支部谈话机制8项特色党建举措。

第九章 党员干部夜校

一、背景

党支部委员尤其是党支部书记的工作能力和业务水平对党支部工作发挥作用起到举足轻重的影响。因此，要提升党建工作水平，加强对党务干部的党建能力培训和指导是关键。以往各类疾控机构业务培训多，党员干部系统党建培训相对较少，不利于党支部发挥出应有作用。

二、主要目的

培训中心的基层党支部委员和各区党员干部，达到统一思想认识、强化基层党组织政治功能、推动基层党组织标准化、规范化建设的目的，进一步提升广州市疾控系统党员干部头雁作用和基层党组织战斗堡垒作用。

三、主要做法

（1）定位疾控系统党员干部，搭建党建交流平台。培训对象主要针对市、区疾控系统及对口帮扶单位基层党支部委员和党员干部，为疾控系统党员干部定期交流学习搭建平台。

（2）依托"党建智库"，菜单式定制培训主题。广东省卫生健康思想政治工作促进会"党建智库"汇聚了省委党校、省属医院、基层医院及民营医院等单位的16名智库专家。培训中心提出培训需求后可以与智库专家结合疾控特点商定培训主题。

（3）培训形式灵活，线上线下同步进行。结合实际，夜校每月1期，共12期。利用下午下班时间，除了在广州市疾病预防控制中心现场教学，还设置线上课堂同步直播。

（4）培训内容充实丰富，理论与实操相结合，包括政治理论教育、党的宗旨教育、形势政策教育，注重准确定位岗位职责，让学员了解常见的党的组织生活内容和流程、常见的党员教育培训方法和实例，解答党建工作中的常见问题，加强和改进党建工作的新途径、新方法，学习创建支部品牌，学习加强党支部宣传力量，学习党风廉政建设等工作方法。

（5）实施培训效果评价，不断提升培训质量。发放"党员干部夜校培训调查问卷"（作为培训效果监测及改进各项工作的重要参考依据）。

四、主要历程

（1）2022年5月23日，印发《中共广州市疾病预防控制中心委员会关于举办2022年度广州市疾控系统党员干部夜校的通知》，中心全体党支部书记、党支部委员、党务工作者，各区疾病预防控制中心总支（支部）书记现场参会、2～3名党员干部、结对帮扶单位党务工作者、其他党员同志参加。

（2）2022年5月25日，广东省卫健系统"党建文化培训基地"挂牌仪式暨2022年度广州市疾控系统党员干部夜校第一期培训在广州疾病预防控制中心举行。广东省卫生健康思想政治工作促进会（以下简称"省政促会"）常务副会长亓玉台、副会长郝芳、党建专家吉琳、副会长兼秘书长戴绍飞、广州市卫生健康委机关党委二级调研员吴晓峰等领导莅临现场指导。广州市、区疾病预防控制中心党组织负责人、党总支（支部）书记、委员及广州市疾病预防控制中心东西部协作和省内外对口帮扶支援单位等党员干部共计200余人次通过线上和线下的方式参加了培训。会议由广州市疾病预防控制中心党委副书记兼纪委书记陈坤才主持。揭牌仪式后，培训中心举行2022年度广州市疾控系统党员干部夜校第一期培训。亓会长以"基层党建存在的问题及思考"为主题作专题辅导。

（3）2022年6月15日夜校第二期开讲。广州市、区疾病预防控制中心党组织负责人、党总支（支部）书记、委员及广州市疾病预防控制中心东西部协作和省内外对口帮扶支援单位等党员干部共计200余人次通过线上和线下方式参加了培训。会议由广州市疾病预防控制中心党委书记张周斌主持。夜校第二期由知名党建专家、中共广东省委党校应急管理教研部主任、法治广东研究中心主任宋儒亮作专题宣讲，授课主题为"学习习近平总书记关于防范化解重大风险的重要论述"。

（4）2022年7月4日发放"党员干部夜校培训调查问卷"作为培训效果监测及改进各项工作的重要参考依据，不断提高党建夜校培训效果，切实提高疾控系统党务工作者的能力。问卷通过线上形式发放，共收到281份问卷。

（5）2022年7月7日夜校第三期开讲。广州市、区疾病预防控制中心党组织负责人、党总支（支部）书记、委员及广州市疾病预防控制中心东西部协作和省内外对口帮扶支援单位等党员干部共计200余人次通过线上和线下方式参加了培训。会议由广州市疾病预防控制中心办公室主任蔡文锋主持。夜校第三期由中共广东省委党校党建教研部副教授张克兵做专题宣讲，授课主题为"提高基层党建质量的理论与实践"。

（6）2022年9月15日夜校第四期开讲。广州市、区疾病预防控制中心党组织负责人、党总支（支部）书记、委员及广州市疾病预防控制中心东西部协作和省内外对口帮扶支援单位等党员干部共计200余人次通过线上和线下方式参加了培训。会议由广州市疾病预防控制中心党委书记张周斌主持。夜校第四期由广东药科大学党委副书记、校长翟理祥进行专题宣讲，授课主题为"组织力建设与党建宣传"。

（7）2022年8月10日，广东省促会常务副会长郝芳围绕"党建宣传与写作能力"进行专题授课。

五、取得的成效

(1) 搭建平台,统一思想。目前已成功开设四期,培训对象累计1 000人次,形成定期交流学习的良好局面,有效推动了全市疾控统一思想认识,强化基层党组织政治功能,基层党组织标准化、规范化建设,进一步发挥广州市疾控系统党员干部在落实疫情防控等各项任务中的头雁作用和基层党组织的战斗堡垒作用,促进党建工作和业务工作深度融合。

(2) 打造品牌,弘扬文化。广州市疾病预防控制中心将以挂牌"党建文化培训基地"为契机,结合全市疾控体系实际,进一步探索创新系统党建模式,组建疾控系统党组织党建联建工作平台,进一步打造疾控系统夜校品牌,指导全市疾控系统党建工作,统一宣传弘扬疾控文化和职业精神,激发和提升系统内党建活力,更好地引导本市疾控队伍为疾控事业发展服务,为城市卫生、公共卫生安全和人民健康服务。

六、特色亮点

依托"党建智库",菜单式定制培训主题。师资主要依托广东省卫生健康思想政治工作促进会"党建智库"。"党建智库"汇聚了省委党校、省属医院、基层医院及民营医院等单位的16名智库专家,每次由中心提出培训需求,与智库专家结合疾控特点商定培训主题,精准定位党支部委员的职责,开展专项培训等方式策划专题培训和日常培训,不断提升党支部书记、党支部委员政策理论水平和党务工作技能。

第十章　党支部委员会集体议事规则

为进一步完善"党委—党支部—科室"三级管理架构,进一步深化党支部职责,进一步提高党支部委员会在重大问题决策上的法制化、民主化、科学化,根据《中国共产党章程》《中国共产党支部工作条例(试行)》等规定要求,参照《广州市疾病预防控制中心贯彻落实"三重一大"集体决议制度实施细则》,结合党支部的工作实际,制定本规则。

一、基本原则

党支部委员会会议一般每月召开1次,根据需要可以随时召开,对党支部重要工作进行讨论、做出决定等。党支部委员会会议须有半数以上党支部委员到会方可进行。如有重大议题或重要人事任免或其他需要表决的议题,必须有三分之二以上党支部委员到会。重要事项提交党员大会决定前,一般应当经党支部委员会会议讨论。党支部委员会会议由党支部书记召集并主持。书记不能参加会议的,可以委托委员召集并主持。

二、议事内容

(一)党支部党建工作

(1)传达学习党的理论和路线方针政策,贯彻落实党中央及上级党组织决策部署的重大举措。

(2)按照中心党委年度工作安排,研究党支部工作计划(包括党建工作与业务工作)和目标;根据工作计划和目标研究制定具体工作措施;结合党支部工作实际开展情况,定期进行党支部半年及全年工作总结。

(3)需要提交党支部大会决定的重要事项,包括党内表彰、出席上级党代表大会的代表候选人、政协委员候选人推荐提名、民主评议党员结果等事宜。

(4)研究党支部班子自身政治建设、思想建设、组织建设、作风建设、纪律建设事项。

(5)研究党支部党员日常教育工作,分析党员思想状况,有针对性地做好思想政治工作。

(6)研究入党积极分子的培养考察、党员发展对象确定等事宜。

（二）科室有关"三重一大"事项

（1）重大决策。听取党支部所辖科室年度工作计划和目标、每季度工作进展、年度工做总结的报告，听取科室年度预算、决算和重大财务管理、重大固定资产管理等情况的报告，研究所辖科室的重大活动事项，听取所辖科室的重大突发事件的处理情况的报告，初步审核其他需要提交党委领导班子集体研究决定的重要事项。

（2）重要干部管理。研究党支部班子成员分工，听取所辖科室选人用人、干部兼职、"一报告两评议"、人才管理、职工年度考核、评优评先情况的报告。

（3）重大项目安排。研究所辖科室重要设备和技术引进，采购大宗物资和购买服务等事项。

（4）大额资金使用。初步审核所辖科室50万元以上的招标采购类资金使用项目。

（三）群团工作事项

听取所辖科室工会小组的年度工作计划、活动方案、资金使用情况的报告；听取工会小组、共青团员和职工反馈的意见和建议，及时协调并向中心党委反映。

三、议事程序

主持人就本次党支部委员会议题作说明；党支部委员就议题充分发表意见；党支部书记就讨论研究情况总结发言；涉及需要全体党员决定的，由党支部委员会会议讨论后提交党支部党员大会投票表决。

四、议事规则

（1）党支部委员会会议坚持集体议事，出席人员为党支部委员，根据议事内容由支部书记确定邀请相关人员列席。

（2）议事过程认真贯彻民主集中制原则，充分听取与会人员意见，坚持少数服从多数的原则，支部书记坚持末位发言的原则。

（3）赞成票超过应到会人数半数为通过。如对重大问题有近半数的党支部委员表示不同意见，除在紧急情况下必须按少数服从多数的原则执行外，一般应暂缓决定，待进一步调查研究、交换意见、统一认识后再做决定。

（4）党支部委会会议召开前，有关议题应提前知会参会人员，进行充分酝酿，由组织委员做好会议记录，并存档备查。

五、决策执行

需要贯彻落实的事项，经党支部委员会会议讨论形成具体措施后，由党支部委员和科室相关负责人按照分工组织实施，个人不得擅自改变或拒绝执行。须呈中心办公会、党委会研究决定的事项，经党支部委员会初步审核通过后，方可正式上会审议。

参考文献

[1] 共产党员网. 中国共产党章程 [EB/OL]. （2022-10-22）[2024-08-30].https://www.12371.cn/special/zggcdzc.

[2] 共产党员网. 中国共产党组织工作条例 [EB/OL]. （2021-05-22）[2024-08-30]. https://www.12371.cn/2021/06/02/ARTI1622638294027912.shtml.

[3] 共产党员网. 中国共产党支部工作条例（试行）[EB/OL]. （2018-10-28）[2023-10-31]. https://www.12371.cn/special/zbgztlxxsc/.

[4] 广州市疾病预防控制中心. 贯彻落实"三重一大"集体决议制度实施细则 [Z]. 2021-12-29.

第十一章　党建带群建工作机制

坚持和完善党建带群建工作机制，将工青妇纳入党建工作统筹部署，定期听取工青妇组织的汇报，不断完善工会、共青团、妇委会组织建设，落实职工权益保障，加强青年的教育管理和监督培训，统筹安排妇女工作，建立关心爱护医务人员长效措施：①组织慰问抗疫一线职工，落实对职工的关心爱护，加强对职工的人文关怀和心理疏导。②各支部积极组织职工开展工会活动，不断丰富精神文明建设。③加强支部与群众的联系，定期邀请群众参加支部组织生活。④加强典型宣传，通过宣传报道等方式，积极展示党员干部"先锋模范"风采。⑤加强援藏干部家属慰问，落实落细职工关心关爱工作。

广州市疾病预防控制中心党委围绕"一切为了人民健康"的中心使命、"专业、务实、创新、担当"的核心价值，以及"建设成为集实战、教学、科研于一体的高水平现代化疾病预防控制中心"的工作愿景，高度重视开展丰富多彩的文化活动；凝聚广大职工与党同心、与党同行；在新的历史起点上切实担负起推动健康中国建设、增进人民健康福祉的光荣使命；开展"回顾百年辉煌历史，展望公卫发展前程"；举办20周年"传承·跨越"系列教育活动；积极宣传在疫情防控工作中涌现出来的先进典型和感人事迹；在"七一"举办优秀共产党员代表宣讲活动，进一步讲好党的故事，传播党的声音，践行党的宗旨；实施民生工程，开展"运动触手可及，健康与您常在"运动健康示范单位试点项目，提升中心职工运动健康知识技能和自身健康水平；启动升级改造中心职工食堂，打造一站式智慧餐厅，提供舒适的就餐环境；承办"赛技能　展风采　战疫情"——"羊城工匠杯"2022年广州市新冠疫情防控技能竞赛，"以赛促练，以练促用"，营造浓厚的比学赶超氛围。

党支部谈话机制见附录一〇四。

参考文献

［1］共产党员网．中国共产党章程［EB/OL］．（2022-10-22）［2024-08-30］．https://www.12371.cn/special/zggcdzc.

［2］共产党员网．中国共产党组织工作条例［EB/OL］．（2021-05-22）［2023-10-31］．https://www.12371.cn/2021/06/02/ARTI1626638294027912.shtml.

第三编　党支部建设案例

第十二章 "双带头人"机制案例

建立"双带头人"培育机制，加强党建学术双能力建设

一、背景

疾控基层党支部是教育、管理、监督和服务党员的基本单位，是把党的路线方针政策落实到疾控基层的战斗堡垒，是党团结和联系广大疾控专业技术人员的桥梁纽带。加强广州市疾病预防控制中心党支部建设，提升各部室党支部组织力，关键在于抓好党支部书记队伍建设。实施党支部书记党建带头人、学术带头人（以下简称"双带头人"）培育工程，对于全面提高中心党支部书记政治理论水平和履职能力，更好发挥党支部书记在加强基层党组织建设、业务科研等方面的骨干带头作用，具有重要的意义。

二、做法

结合中心"双带头人"建设实际，广州市疾病预防控制中心党委建立培育机制四方案，切实加强党支部书记队伍党建学术双能力建设。

1. 选拔任用机制构成培育方案基础保障

（1）任职条件过硬。党支部书记应当具备思想政治素质好、党务工作能力强、业务科研能力强的"一好双强"的标准。①理想信念坚定、品德修养好、群众威信高，认真贯彻执行党的方针政策，自觉践行科学发展观，办事公道、乐于奉献。②热爱党务工作，善于做思想政治工作和群众工作，能够妥善处理矛盾，维护和谐稳定，组织带领党员群众完成好本职工作。

（2）选配方式靠谱。"双带头人"党支部书记的选任，严格遵循了党章党规有关规定和程序，由广州市疾病预防控制中心党委统一领导，党支部委员会或党员大会选举产生。

（3）后备人才支撑。建立健全"双带头人"后备人才长效培养机制，可及时把政治素质好的业务骨干培养发展为党员，把专业基础好的党员培养发展为业务骨干，为"双带头人"党支部书记提供后备人才支撑。

2. 教育培训机制形成培育方案发展策略

（1）制订培训计划。每年由广州市疾病控制中心办公室会同人事、科教等部室制定培训方案，组织参加各类党课、行政及业务履职能力培训（含网络培训），每年至少5天集中轮训。

（2）培训内容丰富。对党支部书记的教育培训，既要突出用新时代中国特色社会主义理论体系武装头脑，提高思想政治素质，又要针对党员骨干、专业带头人特点，加强业务、科研、社会服务、做好群众工作及党务工作等方面知识能力的学习培训，切实提高党支部书记贯彻执行党的政策、融入中心工作、联系服务群众和加强支部自身建设的能力。

（3）培训方式多样。采取集中培训、在线学习、案例教学、专题研讨、考察体验、经验交流等多种形式进行培训。

3. 管理监督机制构成培育方案有效支撑

（1）签订责任书，实现业务工作与廉洁自律"三同时"。根据广州市疾病预防控制中心《党风廉政建设责任制度》和《领导干部述责述廉制度》，中心党委与党支部书记签订了《党风廉政建设责任书》，实现业务工作与廉洁自律同部署、同责任、同考核。

（2）全面对标检查，督促整改调整。该中心党委每季度对各党支部进行全面对标检查，包括习近平新时代中国特色社会主义思想、党的二十大精神、党章党规党纪、《广州市卫生健康委系统开展党支部评星定级推进基层党组织建设全面进步全面过硬实施方案》、党建工作重点任务等情况，对作风不实、履行职责不到位、党员群众有不良反映的党支部书记，应当及时批评教育，督促整改；对工作任务完成情况差、作风不实、党员群众反映强烈的党支部书记，按有关规定及时调整。

4. 激励保障机制助力培育方案巩固提升

广州市疾病预防控制中心在干事平台、发展空间、待遇保障等方面全力支持"双带头人"党支部书记培育工作。年度考核合格、落实党务工作量的党支部书记，享受相应责任津贴。

三、启示

（1）实施"双带头人"培育工程，重点应把握好"突出政治建设、坚持双向提升、注重分类指导、强化基层导向"的原则。突出政治建设，是要以习近平新时代中国特色社会主义思想为指导，把坚定正确的政治方向放在"双带头人"党支部书记培育工作的首位。坚持双向提升，是要把符合条件的学术带头人培养选拔为党支部书记，把有条件的党支部书记培养成为学术带头人，让"双带头人"党支部书记成为党建和科研工作双融合、双促进、双提高的中坚力量。注重分类指导，是要根据支部涉及部室的不同，结合学科专业实际，把握"双带头人"的不同特点，科学地进行分类施策、分层培养。强化基层导向，是要牢固树立党的一切工作到支部的鲜明导向，把党支部建设成为新时代的坚强战斗堡垒。

（2）在推进"双带头人"培育工程时，应把握好3个关键环节：①把选优配强"双带头人"党支部书记作为工作基础。②把推动"双带头人"党支部书记履职尽责作为着力重点。③把加强"双带头人"党支部书记培养教育作为重要保障。

（3）党组建设和业务科研实质性融合难度较大，当前中心"双带头人"培育机制尚处于摸索阶段，未形成系统化、常态化。内容多为思想政治和党建业务培训，对如何将党支部书记培养成为学术带头人待进一步细化加强。

参考文献

［1］中华人民共和国中央人民政府网．关于实行党风廉政建设责任制的规定［EB/OL］.（2010-12-15）［2023-11-06］.https://www.gov.cn/jrzg/2010-12/15/content_1766505.htm.

［2］共产党员网．关于党员领导干部述职述廉的暂行规定［EB/OL］.（2015-03-12）［2023-11-06］.https://news.12371.cn/2015/03/12/ARTI1426126572638219.shtml.

［3］广州市疾病预防控制中心．领导干部述责述廉制度［Z］.2018-06-11.

［4］广州市疾病预防控制中心．广州市疾病预防控制中心2022年度党风廉政建设责任制责任书［Z］.2022-08-10.

［5］中共广州市疾病预防控制中心委员会．党支部评星定级推进基层党组织建设实施方案（2023年修订版）［Z］.2023-07-24.

第十三章 "双育双选"机制案例

> "双育双选"高质量发展新党员,发展壮大中心党员队伍

发展党员工作是党的建设性、基础性工程,是一项事关党的事业兴衰成败的大事,是关系到党的战斗力和生命力的问题,也是保持基层党组织生机和活力的需要,源源不断地把先进分子吸收到党内来,是党组织永葆生机活力的根本保证,也是传承红色基因、实现高质量发展的重要保证。

一、背景

广州市疾病预防控制中心党委坚持以习近平新时代中国特色社会主义思想为指导,深入贯彻落实全国和省、市组织部长会议精神,严格按照"控制总量、优化结构、提高质量、发挥作用"的总要求,严把政治关口,严格标准程序,不断提高发展党员的科学化和规范化水平,着力拓宽发展党员渠道、提高发展党员质量、改善党员队伍结构,聚焦高知识群体、专家人才、疫情防控等重点群体,通过遴选重点吸纳对象和重点发展对象,开展源头培育和跟踪培育,及时主动把政治坚定、表现突出的重点对象吸收入党,不断提高发展党员工作质量,为公共卫生事业高质量发展提供了可靠的先锋力量。

二、做法

"双育双选"作为高质量发展党员的重要工作,发展的对象范围主要有两类人群:①高知识群体和专家人才,包括具有研究生学历或副高以上专业技术职称的人群和在学术、技术等方面有专门研究或特长,并做出较大贡献的人员。②疫情防控涌现的优秀分子,主要是指在核酸检测、流调溯源、转运隔离、社区管控等工作中表现积极、实绩突出的人员。主要工作措施如下。

(一)"双选"工作流程

"双选"工作指的是遴选重点吸纳对象和遴选重点发展对象。主要工作流程如下。

1. 推优选才

在广州市疾病预防控制中心内部,由各党支部广泛遴选高知识的、在疫情防控工作中有突出贡献的非党员群体,通过集体讨论、走访调研、座谈交流等方式,摸查掌握未

提出入党申请的优秀分子情况,并组织党员、群众进行推荐,从中择优选取年度重点吸纳对象,实现"好中选优";对符合发展条件的入党积极分子进行研究分析,根据思想觉悟、培育情况、综合素质等情况,择优确定年度重点发展对象。

2. 遴选入库

广州市疾病预防控制中心党委按年度收集汇总各支部推荐的年度重点吸纳对象人选和重点发展对象人选名单,对人选情况进行审核把关、比较遴选,经讨论研究,最终确定并形成本中心年度人选库,按照高知识群体和专家人才、疫情防控一线两类进行区分,并及时报送广州市卫生健康委员会。广州市疾病预防控制中心根据吸纳和发展进度情况建立工作台账,制订分层次、分步骤的引导、培养、发展的工作计划并制定工作目标。

3. 动态管控

广州市疾病预防控制中心党委每季度对人选的培养考察整体情况进行动态摸查,根据实际情况进行必要的调整,对离职或存在违规违纪等情况无法继续发展的人选要及时剔除,对新招录的符合条件人员要及时补充,并将调整情况及时上报广州市卫生健康委员会。

(二)"双育"工作流程

"双育"工作指的是针对重点吸纳对象开展源头培育,激发他们向党组织靠拢的热情,主动"领进门";针对重点发展对象开展跟踪培育,确保发展计划"不落空",教育质量"不打折"。主要工作流程如下。

1. 党组织"重点引"

针对重点吸纳对象,建立党组织"重点引"工作制度,单位党组织按照"一人一表"指定台账,通过定期座谈、节日慰问等方式,切实解决他们工作、生活实际困难,提高他们对党组织的认同感;通过举办示范培训班、提前体验组织生活等方式,积极创造条件宣传党的路线方针政策,鼓励引导他们在业务冒尖的同时,积极向党组织靠拢。重点开展党史教育、革命传统教育和爱国主义教育,进一步增强他们的爱国情怀和党性意识。

2. 政治导师"结对引"

针对重点吸纳对象,建立政治导师"结对引"工作制度,由所在党支部的书记、委员或挑选政治素质好、担心观念强、业务水平高的党员,担任重点吸纳对象的政治导师。政治导师一对一联系重点吸纳对象,通过谈心谈话、沟通交流,了解他们的思想、学习和工作情况,做好政治引领工作,拉近他们和党组织的距离,培养他们对党组织的感情。

3. 个性化培养

针对重点发展对象,广州市疾病预防控制中心党委在严格政治标准和工作程序的前提下,结合高知识群体和专家人才、疫情防控一线人员出差多、加班多、工作时间不固定等实际情况,依据可行性、突出思想性、注重实效性,优化党校培训、思想汇报、政治审查等培养考察程序和方式方法,灵活开展培训夜班周末班、送学送教上门、线上谈心谈话等，实现重点发展对象工作生活与培训教育"双不误"。根据疫情防控工作需要，统筹安排重点发展对象积极参与一线工作，进一步考验和培养。

4. 全过程培养

针对重点发展对象，广州市疾病预防控制中心党委做好全程跟踪，提升培养质量，坚持学习教育与实践锻炼相统一，在培养教育中考察他们的入党动机、政治觉悟和工作作风；强化程序把关，做好入党申请到预备党员转正各个阶段工作流程，规范培训、政审、考察、审批、转正等关键环节，确保发展质量过硬。人选因工作调动等原因离开本中心时，应及时将培养情况反馈给其现单位党组织（工作单位无党组织则反馈给居住地党组织），由现单位党组织（居住地党组织）按进度继续培养。

三、启示

（1）党员发展应从思想政治、能力素质、道德品行、现实业绩表现等方面对新吸纳和发展对象进行深入考察，着重看是否具有坚定的理想信念和良好的道德品行，是否在生产、工作、学习和社会生活中起先锋模范作用，全面评估新吸纳和发展对象的综合素质、一贯表现，并关注其工作业绩、业务能力、技术水平，理想信念、政治表现、道德品质、群众关系，以及八小时以外的表现。

（2）广州市疾病预防控制中心专业技术人员在推动公共卫生发展中起着重要作用。在中心专业技术人才队伍中发现有入党意愿，工作表现特别积极突出，愿意为群众服务、为集体奉献的，中心党委应给予更多的关注。将专业技术人员吸收到党组织中，对单位留住人才、培养人才有很大的促进作用，这样才能真正壮大中心党员队伍的力量。

（3）对重点吸纳对象和遴选重点发展对象，广州市疾病预防控制中心党组织通过开展系列宣传学习活动，让其了解党员的行动指南、党的立党之本、基本路线、党员的八项义务等，树立正确的世界观、人生观和价值观，建立坚定的理想信念，增强全心全意为人民服务的意识。

（4）通过一对一的结对活动，落实源头培育和跟踪培育，主动做好教育引导工作，向入党积极分子宣传党的纲领、党的历史。定期了解他们的工作情况、学习情况、家庭情况，工作中遇到的难点等，为他们排忧解难，并鼓励他们积极向党组织靠拢，帮助他们坚定起锲而不舍的入党信念，纠正在入党过程中的认识偏差，感受到组织的关心与培养。

第十四章 党员教育培训案例

一、背景

党员教育工作难点在基层，亮点也在基层。基础不牢，地动山摇。针对当前基层党组织在党员教育培训中存在的"理论讲解多、实战演练少、学习缺资料、培训不见效"等问题，党支部委员会积极探索党员学习教育培训创新模式，综合运用多种方式，扎实推进党员学习教育常态化、制度化，保证党员在思想上、行动上与时俱进，始终保持先进性。建立党员经常性学习教育机制，完善学习教育长效机制，从思想教育、理论教育和实践教育入手，旨在培养一支信念坚定、素质优良、品行高尚的党员队伍。

二、做法

1. 从"开大会"到"微课堂"

传统的党员教育培训模式，大多是党支部书记或党支部委员一人在开大会的时间进行授课或者宣教，形式比较单一，内容往往也缺乏一定的吸引力。尤其是在疫情期间，在忙碌的工作机制下，全体党员很难固定时间聚集到一起学习。党支部委员会经过讨论，创新党员教育模式，让普通党员从参与者到活动的组织者都可以在平时"三会一课"的空余时间里进行微型党课学习。例如，外出参观红色教育基地，党员就某个地名、人物背后的故事进行3~5分钟的现场讲解；某次集体外出抗击新冠疫情的路上，老党员分享以前抗击"非典"的小故事；某次饭后的闲聊变成老中青党员之间的谈心谈话……通过构建这种类似日常微型党课"短、平、快"的新模式，使基层党课教育由"冷"变"热"，确保全体党员广泛参与，形成党员学习教育长效机制，让党员学习教育更有成效，落到实处。

2. 从"理论学习"到"脚踩实地"

除理论学习外，党支部践行从理论到实践，从"传承红色基因，坚定理想信念"参观梅州大埔中站纪念馆，重走红色交通线，重温老一辈革命先烈坚定的革命信念和崇高的理想。党支部组织大家参观英德市连江口镇连樟村社会主义新农村建设，大家走在社会主义新农村的乡间小路上，现场感受我们党在社会主义新农村建设小康路上所带来的变化，感受一个执政党所肩负的使命和责任。参观广州市第一资源热力电厂时，可切实感受环境保护与资源利用的关系，体会习近平总书记所说的"要像保护眼睛一样保护生态环境，像对待生命一样对待生态系统"。在理论学习的背后，党员们通过一次次"脚踏实地"的教育模式，切实了解党中央的各项政策方针，从内心里更加增强"四个意识"，坚定"四个自信"，做到"两个维护"。

3. 从"提出问题"到"解决问题"

党的力量来自组织。如何加强基层党组织建设并发挥战斗堡垒作用至关重要。党支部采用问题导向，将以往提出问题让基层想办法解决变为直接到基层解决问题。通过与区疾病预防控制中心建立党支部共建，在前期调研的基础上，整理好相关日常问题。通过党支部党员技术骨干与区疾控人员面对面、一对一交流，互助共建，让问题在现场得到及时沟通解决，并建立长期联系，真正提升基层战斗力。

4. 从"重在参与"到"功成有我"

"一个时代有一个时代的主题，一代人有一代人的使命。"新时代的党员干部应当树立"功成不必在我，功成必定有我"的政绩观。在快速发展的今天，快节奏的生活压力下，不少年轻人包括一些年轻党员都有一种"躺平"的思想，对待很多事情"得过且过"，"重在参与"。因此，党支部日常教育中党员的谈心谈话以及民主评议就显得很重要。树立"功成不必在我，功成必定有我"的担当，实际上就是要处理好"大我"和"小我"的关系，长远利益、根本利益和个人抱负、个人利益的关系。疫情之下正是疾控最好的练兵场。面对新冠疫情，党员同志主动请缨进驻各个一线专班，党支部及时引导并积极宣传，抓典型扩宣传，通过抖音、短视频等新媒体让疾控的党员旗帜在抗疫一线高高飘扬。通过实战经历，年轻党员同志们做到不辱使命，体现"功成必定有我"的担当。

三、启示

当前，新时代党员教育工作逐渐向"智慧化"方向发展，需要我们及时跟上时代发展步伐，勇于打破传统、创新发展。只有不断适应信息化、数字化潮流，才能在新时代更加准确地把握党员需求，更加快速地实现资源配置，更加有效地开展党员教育。

1. "互联网+党建"

依托"复兴壹号""学习强国""廉洁广州"等App、小程序建立统一规范的党建基础数据库，通过上传活动进展情况、图片资料、心得体会等，更加直观地反映出基层组织生活落实情况，避免了迎检材料造假和突击应付检查等行为，保证了主题党日活动规范开展、质量提升，极大地方便了上级党组织对基层党组织工作的总体把握和指导调度。

2. 扩大参与面

党建工作需要广大的人民群众党员参与并踊跃发言，并非一个人就可以说了算。互联网技术一个最显著的特点就是传播多元化、参与广泛化。因此，党建工作就算在互联网思维下也必须坚持这一原则，通过微博、微信等信息渠道，党员的意见能够及时地传达；同时建立一个党员群众可以共同协商的平台，根据地域、年龄、工种，把党员群众细分，然后再根据其各自诉求、成长背景、日常生活的现状等进一步地精准细分，并实施有效措施。

3. 服务共享

在互联网时代，资源共享是其中一个最重要的特征。党建工作有着丰富的资源，但是没有很好地利用。要用好互联网思维，就得统一现有的信息化技术，达到互相有效的交流沟通，资源共享，统筹整合零碎的党建资源。这样一来，既能为大数据平台对党员信息的收集提供便利，又能实现对民主诉求的充分了解和满足。这种形式的党建服务，是共享基础上的民主管理，也是对党自身属性的进一步强化。

第十五章　采购监督案例

> 强化采购过程监督，打造新冠疫情防控不可缺少的后勤保障新阵地

采购工作难点在于"如何及时买到价廉物美"的货物或服务，亮点也在"优质优价"。近年来，广州市疾病预防控制中心围绕"采购廉洁化、规范化、公开化"，不断探索实践，打造出了一支廉洁、高效的采购队伍，形成以党支部委员为"头雁"、党员为核心的采购专班，从培训切入，强化过程监督，使之成为疫情防控不可缺少的后勤保障新阵地，取得良好的工作成效。

一、背景

兵马未动，粮草先行。新冠疫情发生以来，针对抗疫物资的采购，特别是针对疫情发生初期防疫物资紧缺，后期防疫物资鱼龙混杂的特点，广州市疾病预防控制中心及时成立以中心主任和党委书记为组长，后勤工作分管主任、中心纪委书记为副组长的后勤保障领导小组，在领导小组下设采购办公室，采购办公室主任由领导小组副组长兼任，采购办公室成员由中心办公室、业管部、财务部、纪检室、后勤保卫部、质控部负责人组成，采购办公室成员定期召开会议，研究部署中心物资采供工作存在的问题及短板，制定整改措施，并及时向中心专项行动工作领导小组汇报。

二、做法

1. 开展自查自纠

（1）由采购领导小组办公室牵头，各相关部室配合，对中心物资采购的预算管理、招标文件制定、专家论证、信息公开、招投标过程、合同履行等过程的监督和内部控制的监督管理进行审查，并对年度物资采购工作规避招标、限制竞争、围标串标、违反进口产品采购清单管理、合同履行等进行专项监督检查，确保中心物资采购的公开、公平、公正。

（2）由纪检监察室牵头，各相关部室配合，根据政府采购项目开展的路线图，结合中心物资采购流程，完善并优化中心物资采购流程，明确中心物资采购涉及部门责任及完成时限，杜绝相互推诿、扯皮现象，提高中心物资采购效率。2021年，对开展的19个

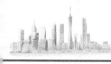

政府采购项目进行审查,从采购流程、业务预算与计划管理、政府采购方式、进口产品手续、采购结果、后续验收管理、政府采购相关资料、采购业务信息通报和采购合同签署等方面开展逐步检查,审查中发现部分产品参数设置不合理的情况,后勤及时调整参数后再进行重招,杜绝了问题的发生。

2. 认真落实各部主体责任

坚持以目标和问题为导向,针对广州市疾病预防控制中心物资采购工作中暴露出来的问题与不足,要求各部室在年初预算时,对设备采购和试剂耗材提供的招标采购参数充分论证。所有采购设备和试剂均须具备3个以上品牌,参与论证人员必须签名,确保中心采购工作不出现违法违规违纪问题。决策科学,规范有序,公开透明,确保中心采购工作合法、顺畅、高效、廉洁。

3. 完善内部采购制度

2022年5月,广州市疾病预防控制中心发布实施新《采购管理规定(试行)》、《采购工作流程(试行)》和《低值易耗品采购管理细则(试行)》三个采购规定,建立健全中心物资采购的各项内控制度,优化中心物资采购流程,强化监管制度,提高各项采购工作的公开性、透明性,形成阳光采购,同时强化并完善中心物资采购的监管体系。

4. 健全长效监督管理机制

由广州市疾病预防控制中心纪检室牵头,各相关部室配合,围绕中心物资采购风险防控机制,加大监督检查力度,通过采取有效的措施和制度,不断完善中心物资采购管理制度体系、体制和机制,全面实现"横向到边、纵向到底、上下联动、齐抓共管"物资采购监督工作长效机制。

5. 对采购岗位人员进行轮换

2021年5月,负责采购的科长进行轮岗。2022年3月,采购组主要负责人进行轮岗。

三、启示

(1)实时培训,学习新政策。近年来,广州市疾病预防控制中心不仅参加广州市卫生健康委组织的采购培训,每年还组织中心各部室负责人和采购员进行培训学习,大大提高了需求部室在需求参数和价格论证等环节的严谨性和适用性。

(2)敢于监督问效是办好采购活动的重要保证。如何检验采购活动的质效,关键在于建立一套完善的闭环监督体系。采购活动通过对前期的法律法规和政策的培训学习,到采购活动中的具体操作运用,实行全程跟踪问效,达到以督促改、以督促效的目的。

(3)采购计划明确每个环节的完成时限,杜绝相互推诿、扯皮现象,提高中心物资采购效率,并提供多个渠道补充参数要求,改变市场信息堵塞的旧况。

参考文献

[1] 广州市疾病预防控制中心. 采购管理规定（试行）[Z]. 2022-04-30.

[2] 广州市疾病预防控制中心. 采购工作流程（试行）[Z]. 2022-04-30.

[3] 广州市疾病预防控制中心. 低值易耗品采购管理细则（试行）[Z]. 2022-04-30.

第十六章 组织生活会案例

中心党委书记以普通党员身份参加纪检艾防党支部专题组织生活会案例

一、背景

按照《关于印发〈党史学习教育专题组织生活会工作方案〉的通知》（穗学组办发〔2021〕22号）的要求，广州市疾病预防控制中心纪检艾防党支部全体党员于2021年8月6日在广州市疾病预防控制中心十楼党建室召开党员专题组织生活会活动，时任中心党委书记何蔚云以普通党员身份参加此次专题组织生活会，市委巡回指导组列席会议并进行现场指导。

二、做法

（一）会前组织情况

1. 开展党员自学与集体讨论

党支部为每位党员发放指定学习材料，要求落实品读党中央指定的4本书籍，重点钻研习近平总书记的"七一"重要讲话精神。党支部书记及党支部委员动员每位党员推进党史学习进程，通过党支部书记带领评阅等方式提高党员对党史学习材料的认识，明确阅读思路及阅读重点，结合自身问题着重学习要点、突出"批评"内容。

2. 深入开展谈心谈话

会前开展党支部班子成员之间、党员与党员之间的谈心谈话，每位党员深入交流思想，广泛听取各方意见，切实为专题组织生活会的开展做好充分准备。

3. 联系实际撰写个人总结

组织生活会召开的前一星期，党支部安排每位党员认真撰写个人总结及发言稿，要求党员联系工作实际，重点围绕学习心得体会、个人不足等方面进行检视，明确会上评讲内容，做到有思考、有深度、真实有效地开展"批评与自我批评"。

（二）会中召开情况

党支部书记韩志刚代表党支部委员会向全体党员报告半年来党支部的工作情况，如党史学习教育、学习强国、廉洁广州等的学习情况，通报党支部委员会检视问题情况。

针对检视问题明确了整改方案及措施。而后每位党员逐一总结发言，发言内容涉及个人党史学习教育的收获及体会、讲差距不足及今后整改方向，切实开展批评与自我批评，每人发言不少于5分钟，做到"人人发言、个个点评"。会议接近尾声时，党支部书记韩志刚对此次专题组织生活会检视的问题及改进方向进行总结，同时时任中心党委书记何蔚云也对党支部下一步开展党史学习教育提出要求。

（三）会后整改情况

会后，每位党员按照支部要求，切实撰写个人专题组织生活会后问题整改清单并提出今后整改措施。

1. 深入强化理论学习

认真抓好党史学习教育，深刻领会习近平总书记的"七一"重要讲话精神，督促党员按时完成学习任务、对学习材料精读细读，党支部每2周举行1次读书会，党支部书记、党支部委员带头，每次由1名党员与大家分享学习收获和体会。通过观看红色经典影片等更加生动的形式深入开展党史学习教育。

2. 积极交流思想、发展入党积极分子

党支部书记、党支部委员带头，全体党员积极与群众谈心，交流思想，及时掌握党员群众思想动态，党支部积极吸纳群众参加支部理论学习和主题党日活动，加强思想教育，主动培养和及时发现积极向党组织靠拢的人员。党支部及时听取党员群众的意见和建议，推进支部更好地联系服务党员群众。鼓励党员积极发挥先锋模范作用，强化正面教育、积极引导，增强群众对党组织的认知感和归属感，争取吸纳群众中更多优秀分子入党。

3. 丰富学习经验

党支部书记、党支部委员群策群力，发动党员献计献策，学习其他党支部的好经验、好做法，丰富学习方式，使学习形式更生动和多样化，提高党史学习的吸引力。

三、启示

（1）《关于新形势下党内政治生活的若干准则》规定："坚持民主生活会和组织生活会制度。"习近平总书记指出："共产党员这个称号，是一个组织称号，在组织里的人，就要过组织生活，不参加组织活动的人，也就脱离党了。"组织生活会是党支部或党小组以交流思想，总结交流经验，开展批评与自我批评为中心内容的组织活动制度。党支部或党小组要按照会前组织学习、深入谈心谈话、广泛征求意见，会上认真查摆问题、开展批评和自我批评、明确整改方向，会后列出整改措施、逐一整改落实的步骤。同时，组织生活会应确定主题，一般每年第四季度召开，也可随时召开。

（2）《中国共产党章程》第八条明确规定："每个党员，不论职务高低，都必须编入党的一个支部、小组或其他特定组织，参加党的组织生活，接收党内外群众的监督。党员领导干部还必须参加党委、党组的民主生活会。不允许有任何不参加党的组织生活、不接收党内外群众监督的特殊党员。"时任广州市疾病预防控制中心党委书记何蔚云以

普通党员的身份参加此次广州市疾病预防控制中心纪检艾防党支部组织生活会,带头围绕主题开展自我剖析,全程倾听了其他党员的对照检查,结合自己对他们的认识,开诚布公、实事求是地提出建议、意见。会上,全体党员对照合格党员标准、入党誓词、身边先进典型等,联系实际进行党性分析,查找在政治、思想、学习、工作、能力、作风等方面的问题和不足。全体党员自我剖析直接到位,相互批评开门见山,会议全程多了尖锐和"辣味",少了空话和套话,达到相互帮助、相互促进、共同提高的目的。

(3)开展党的组织生活是党内政治生活的重要抓手,是党组织对党员进行教育管理监督的重要形式。要不断提高组织生活会的质量,切实增强党支部的凝聚力和战斗力。要更加认真深刻地反思自己。党员参加组织生活会不仅要结合工作实际谈问题,还要从政治层面、思想层面谈问题。批评要落到点子上。党员之间是平等的,开展相互批评要增加一点"辣味",尤其是对领导同志提出的批评意见,要更加直截了当。

(4)组织生活会的主要作用是统一党员的思想,增强党性和组织观念,加强党支部的自身建设。这对于每个党员,特别是党员领导干部,对解决党内矛盾和问题,加强党的团结统一,加强党性修养,增进同志之间的思想交流,增强党组织的活力都具有重要的意义。只有开展好党的组织生活,才能保证全党的高度统一,才能充分发挥各级领导班子的政治核心作用。

参考文献

[1]广州市委党史学习教育领导小组.关于印发《党史学习教育专题组织生活会工作方案》的通知[Z].2023-07-12.

[2]共产党员网.关于新形势下党内政治生活的若干准则[EB/OL].(2016-11-02)[2023-11-06]. https://news.12371.cn/2016/11/02/ARTI1478091665764299.shtml.

[3]共产党员网.中国共产党章程[EB/OL].(2022-10-22)[2023-11-06].https://www.12371.cn/special/zggcdzc.

第十七章　主题党日活动案例

基本公卫齐参与，慢病防控入民心

预防接种、老年人免费体检、居民健康档案、慢性病患者随访和管理等服务，很多居民听说过，或享受过，但不一定知道这些都属于国家基本公共卫生服务项目。国家基本公共卫生服务项目，是促进基本公共卫生服务逐步均等化的重要内容；是深化医药卫生体制改革的重要工作；是我国政府针对当前城乡居民存在的主要健康问题，以儿童、孕产妇、老年人、慢性疾病患者为重点人群，面向全体居民免费提供的最基本的公共卫生服务。国家基本公共卫生服务项目所需资金由政府承担，城乡居民可免费享受，直接受益。

一、背景

2009年广州市实施国家基本公共卫生服务项目以来，项目从9大类扩增至29大类，原12大类基本公共卫生服务人均补助标准由25元提高至2022年的75元。广州市常住的1 867.66万人口，不分年龄、性别、职业，均可享受基本公共卫生服务。然而该利民利好政策，却因宣传缺乏经常性、持续性和连贯性等原因，而使居民的认可度和获得感尚待进一步提高。为有效解决这些问题，广州市疾病预防控制中心借力主题党日活动，逐步构建"党建引领、集中造势、多点发力"宣传新模式。

二、做法

1. 党建引领，营造全员参与宣传氛围

（1）党建引领，进一步加强基本公共卫生服务管理体系建设。已建立三级公共卫生委员会管理架构。11个区均成立由区委、区政府为核心的区级公共卫生委员会，委员会下设具体防治专项小组。

（2）基本公卫有关项目纳入市、区两级政府的民生事项。广州市将老年人流感疫苗接种、推广农村"一元钱看病"纳入十件民生实事。白云区将医改、公卫、优化生育服务、重大疫情防控列入区全面深化改革要点工作和区重要民生事项，纳入区委、区政府重点工作督查和区年度绩效考核体系；黄埔区将基本公共卫生服务相关工作纳入"民生实事""全面深化改革工作要点"等范畴。

（3）营造全市全员参与宣传氛围。制定《广州市基本公共卫生服务项目三年宣传方案（2021—2023年）》；借力主题党日活动，整合各方资源和力量，通过深化宣传内容，优化宣传方式，实现面上推进，点上突破。通过线上、线下相结合的方式，广泛开展全方位、多层次、多形式的宣传活动。

2. 集中造势，打造基本公卫宣传月

（1）集中联动齐造势。印发《广州市年度国家基本公共卫生服务项目宣传方案》，首次商定每年5月为广州市国家基本公共卫生服务项目宣传月，号召全市基本公共卫生服务项目各相关单位应根据自身职责，借力主题党日活动，结合自身优势在宣传月中至少开展2种类型宣传形式。宣传月期间，全市各相关单位在做好新冠疫情防控的基础上，积极部署，11个区和7个市级公共卫生专业机构项目宣传开展率为88.9%。各相关单位通过各类新媒体和传统媒体，实现全方位、多层次、立体化的宣传，营造出浓厚的基本公共卫生宣传氛围。

（2）特色宣传齐造势。以老年人和慢性病患者健康管理为重点，广州市疾病预防控制中心与广东广播电视台合作拍摄了国家基本公共卫生服务宣传节目《外来媳妇本地郎——惠民关乎你我他（上、下两集）》，于2021年5月1日晚在广东广播电视台珠江频道首播。

（3）地铁宣传齐造势。2021年5月，依托广州地铁，在50个地铁站点的站厅电视墙及所有线路的列车、站厅、站台的电视媒体终端分别以海报刷屏和视频播放的形式，开展国家基本公共卫生服务项目宣传，内容涵盖老年人健康管理、高血压和2型糖尿病患者健康管理、家庭医生签约服务等。

（4）"工具"宣传齐造势。2021年5月，广州市白云区制作完成1辑约60秒国家基本公共卫生服务项目宣传微视频、3张项目宣传海报在"腾讯视频""健康白云""白云健教"等公众号及辖区医疗机构、学校、机关等单位宣传推广；创新开展"基本公卫触手可及，守护健康与您同行"沙龙宣传和健康宣讲进机关活动等。

3. 多点发力，再掀慢病防控宣传热潮

（1）在党建引领中进一步宣传慢病防控。结合特定的宣传日，开展主题党日宣传活动。利用"全国预防接种宣传日""3·24世界结核病防治日""世界睡眠日""世界预防自杀日""世界老年痴呆日""世界精神卫生日"等多个主题日举办线上线下相结合的宣传教育活动，开展主题党日宣传活动，取得良好的社会宣传效果。印制老年人健康体检服务券，向辖区内65岁及以上老年人派发；制作"老年朋友，这一次体检不用心疼钱！"等宣传推文和视频，结合主题党日宣传活动开展形式多样的宣传活动。

（2）在实干创建中进一步宣传慢病防控。开展高血压糖尿病社区综合防制与试点工作。稳步推进广州市首批社区卫生服务中心作为广东省基层医疗卫生机构高血压糖尿病防治示范社区创建试点工作。创新脑卒中干预新模式，在花都区建设北社区试点音乐疗法康复脑卒中工作。

（3）在特色行动中进一步宣传慢病防控。开展广州市糖尿病防治行动特色方案试点工作。根据《健康广东行动（2019—2030年）》和《健康广州行动（2020—2030年）》要求，广州市疾病预防控制中心召开"广州市糖尿病防治行动特色方案"专家研讨会，印发《广州市实施糖尿病防治专项行动方案》，重点开展广州市糖尿病筛查工作，主要包括首诊糖尿病筛查、重点人群糖尿病筛查及糖尿病一级亲属筛查。全市11个区陆续启动了医疗机构和基层医疗卫生机构的糖尿病筛查工作。

（4）在比赛促学中进一步宣传慢病防控。利用各类比赛促宣传。在首届广东省基本公共卫生服务职业技能竞赛中，广州市代表队（共5名队员）获得团体一等奖、个人一等奖3名、个人二等奖2名的好成绩。此次竞赛充分展示广州市基层医疗卫生机构基本公共卫生服务能力，起到以赛促学强技能，以赛促练砺精兵的作用，也在比赛促学中进一步宣传慢病防控。

三、启示

1. 主题党日活动，要发挥党员示范带头作用

党建引领，在于建立完整的公共卫生管理架构。建立完整的组织管理架构和重视基本公共卫生服务项目工作，为营造全员参与宣传氛围奠定基础。党员是群众中的先进分子，宣传活动现场是党员联系和服务群众的重要场所。结合主题党日活动，充分激发党员群体先锋模范作用，积极分享健康技能、工具和服务，活跃现场健康氛围，影响和引导更多的居民参与，从而广泛推动基本公共卫生服务宣传和慢病防控宣传，使之深入人心，落地生根。

2. 主题党日活动，要始终紧靠民生

百姓受益为民心宣传之本，为引领推进各项宣传工作之源头。主题党日活动，要始终紧靠民生，注重实效。近年来，广州市每年约为74.03万名65岁及以上老年人提供免费健康体检。全市基层医疗卫生机构每年管理高血压患者约70.23万人，任务完成率达110.0%；全市基本规范管理服务率是60.02%；全市管理人群血压控制率是65.11%；全市基层医疗卫生机构每年管理2型糖尿病患者约27.17万人，任务完成率为106.8%，基本规范管理服务率是60.37%，管理人群血糖控制率是60.71%。

广州市基本公卫品优有名，硕果累累。获评9个全国百强社区卫生服务中心、2个全国百佳乡镇卫生院、19个全国优质服务示范中心；近5年省级绩效评价中，广州市稳居前2名，其中，在2016年、2018年、2019年均荣膺全省第一名。

"雄关漫道真如铁，而今迈步从头越。"在广州市委、市政府的正确领导下，在广东省、广州市卫生健康委员会的悉心指导下，广州市疾病预防控制中心坚持以人民健康为中心，着力抓好疫情防控工作，着力落实公共卫生体系建设，着力开展全生命周期优质健康服务，在大规模核酸检测、新冠疫苗接种、老年人流感疫苗接种等挑战中寻觅战机，借力主题党日活动，逐步构建"党建引领、集中造势、多点发力"宣传新模式，助力基本公共卫生和慢性病防控工作取得新成绩，迈上新台阶。

参考文献

［1］健康广州行动推进委员会. 关于印发广州市基本公共卫生服务项目三年宣传方案（2021—2023年）的通知［Z］. 2021-09-30.

［2］广州市基本公共卫生服务项目管理办公室. 关于印发2023年国家基本公共卫生服务项目宣传方案的通知［Z］. 2021-04-18.

［3］广州市卫生健康委. 关于印发广州市实施糖尿病防治专项行动方案的通知［Z］. 2021-11-16.

［4］广东省卫生健康委员会. 健康广东行动推进委员会关于印发健康广东行动（2019-2030年）的通知（粤健推委〔2019〕1号）［EB/OL］.（2020-01-22）［2023-11-07］.http：//wsjkw.gd.gov.cn/gkmlpt/content/2/2877/post_2877992.html#2532.

［5］广州市人民政府. 广州市人民政府关于实施健康广州行动的意见［EB/OL］.（2020-12-25）［2023-11-07］.https://www.gz.gov.cn/zwgk/fggw/szfwj/content/post_6994071.html.

第十八章 "政治生日"活动案例

> 过好"政治生日",牢记初心使命

于每位党员而言,除了"自然生日",还有一个特殊的"政治生日",就是在党旗下庄严宣誓成为中国共产党预备党员的那一刻。"政治生日"代表的不仅仅是中国共产党员入党的光荣时刻,更是代表着每一位党员的"初心与使命"。广州市疾病预防控制中心党委坚持创新多种形式为党员过"政治生日",引导党员强化身份意识、宗旨意识和责任意识,增强党员荣誉感,激发党员工作热情,提升党支部的凝聚力和战斗力。

一、背景

2019年1月,中共中央印发《关于加强党的政治建设的意见》,提出严格执行党的组织生活制度,坚持和完善党员过"政治生日"等政治仪式,使党内生活庄重、严肃、规范。2020年9月,中央办公厅印发《关于巩固深化"不忘初心、牢记使命"主题教育成果的意见》,提出强化对党忠诚教育,坚持和完善重温入党誓词、党员过"政治生日"等政治仪式,教育引导党员、干部强化党的意识、党员意识。广州市疾病预防控制中心结合多种活动形式,为党员过好"政治生日",引导党员时刻不忘自己的"第一身份",发挥先锋模范作用。

二、做法

1. 生日档案暖人心

为确保在过好"政治生日"工作中不落一人,广州市疾病预防控制中心党委全面梳理党员信息,根据党员入党日期建立党员"政治生日"档案。对于抗疫一线的党员同志,中心成立临时党支部,确保每名抗疫一线党员都能及时参与支部组织生活,按时过好"政治生日"。2021年,广州市疾病预防控制中心党委为每位党员印发专属生日卡片,增强党员干部的荣誉感、归属感和使命感。

2. 专题党课燃激情

2021年,广州市疾病预防控制中心党委为隆重纪念中国共产党成立100周年,结合党史学习教育"永远跟党走"主题教育活动,党委书记讲授"回顾百年辉煌党史,展望公卫发展前程"专题党课（图18-1）。根据历史和现实、理论和实例，围绕中国共产党百年发展历程、我国公共卫生事业发展历程、广州市公共卫生事业发展历程及广州市疾病预防控制体系建设前景展望，激发广大职工的使命感，使党员的心与党组织更贴近，激励广大职工继续在全方位推进高质量发展、奋力谱写疾控崭新篇章的生动实践中不懈奋斗。

图18-1 "回顾百年辉煌党史，展望公卫发展前程"专题党课

3. 生日贺卡凝动力

近年来，广州市疾病预防控制中心结合庆"七一"活动，由党委班子亲自为中心7—8月入党的党员赠送"政治生日"贺卡，全体党员参与庆祝"政治生日"，实现部分党员过生日，全体党员受教育的目标，有效推动党史学习入脑入心（图18-2）。勉励党员自觉保持先进性，练好本领，发挥先锋模范作用。并邀请党员代表分享生日感言。通过举行党员"政治生日"仪式，进一步教育引导全体党员强化党员意识，发挥党员先锋模范作用，凝聚新时代党员的强大力量。

图18-2 广州市疾病预防控制中心党委班子为7—8月入党的党员赠送"政治生日"贺卡

4. 入党誓词忆"初心"

为了让"政治生日"的外在形式转化为党员党性意识的自觉提升，广州市疾病预防

控制中心组织党员在过"政治生日"时重温入党誓词，庄重的宣誓仪式，提醒激励党员时刻"不忘初心、牢记使命"：无论是新党员还是老党员，无论是八小时之内还是八小时之外，都不能忘记自己入党那天握紧的右拳和宣下的誓言。提醒党员要不忘初心、牢记使命、奋发有为，有助于提升党员的身份意识、宗旨意识和责任意识，增强党员的荣誉感、归属感、使命感（图18-3）。

图 18-3 中心全体党员重温入党誓词

三、启示

过好"政治生日"是发挥基层党组织战斗堡垒作用的基础。"政治生日"不仅仅是一种政治仪式，更是一次心灵的洗礼。以过好党员政治生日为契机和平台，强化党员、干部荣誉感、归属感、使命感，引导广大党员、干部进一步强化身份意识、宗旨意识和责任意识，有效激发党员、干部的积极性、主动性和创造性，助于打造一支政治素养强硬、业务能力突出的好队伍。

积极创新活动形式是强化"政治生日"成效的有效途径。过"政治生日"从形式到内容，都需要支部和党组织动脑筋、有新意，深入挖掘并赋予其更深刻的内涵，从而起到为党员干部加加油、充充电、补补"钙"的作用。不能"悬在空中"、走形式，要结合党员个人实际情况，接地气，让党员感受到来自党组织的温暖关怀，确保取得实实在在的效果，切实发挥先锋模范作用。

参考文献

[1] 共产党新闻网.中共中央关于加强党的政治建设的意见[EB/OL].(2019-01-31)[2023-11-07]. http://www.12371.cn/2019/02127/ARTI1557263472427508.shtml.

[2] 中华人民共和国中央人民政府.关于巩固深化"不忘初心、牢记使命"主题教育成果的意见[EB/OL].(2020-09-14)[2023-11-07].https://www.gov.cn/zhengce/2020-09/14/content_5543377.htm.

第十九章 谈心谈话案例

谈心谈话小问题，解决工作大问题

一、背景

广州市疾病预防控制中心放卫质控第八党支部下辖放射卫生部、质量控制部两个部室，党员和群众各约有一半。中心副主任、原纪委书记张林在本支部工作。两个部室兼具业务、服务、管理、检验的职能，日常性、事务性工作内容多，对工作质量、工作时效、工作态度的要求都非常严格，如何发挥好党组织的监督执纪功能、发挥好党员的先锋模范作用是影响工作成败的重大议题。

谈心谈话制度作为党的组织生活重要形式，是在2016年十八届六中全会审议通过的《关于新形势下党内政治生活的若干准则》中明确提出，全党均应遵照执行的制度。

该党支部张林担任纪委书记超过10年，非常熟悉党中央历年来各种监督执纪方式方法。他在日常工作中、党课上、谈心谈话时，一以贯之地对党支部委员会和党员宣贯"谈心谈话"的重要意义。"谈心谈话"制度是在我党执政70周年之际，经济、社会、国防等建设取得举世瞩目的成就，是在党员干部违纪违法的数量已大幅度减少、负面影响已大幅度降低的新形势下，为了进一步做细做实党的各项事业，以习近平同志为核心的党中央经科学研判和论证后推出的制度创新，与"不忘初心、牢记使命"的宗旨一脉相承。相对于"打老虎、打苍蝇"这种严厉的手段和"咬耳扯袖、红脸出汗"等较激烈的措施，谈心谈话制度尤其适用于基层党组织及时了解和掌握普通党员的思想状态和心理状态，体现党组织的人文关怀和关爱，是真正地将党建落到实处、以党建促进工建的举措，能够解决工作的大问题。

有了对谈心谈话重要性的正确认识，党支部上下对这一举措从不理解、不感冒顺利转变为随时随地、积极主动。

二、做法

广州市疾病预防控制中心放卫质控第八党支部下辖的放射卫生部承担广州市放射卫生质量控制中心的职能，是广州市卫生健康委员会指定的放射工作人员职业健康管理部门，在 2020 年初新冠疫情袭来、大量人员被抽调从事疫情防控的情况下，除在各次疫情间隙采取见缝插针、小步快跑等方式强化人力资源使用、挖掘潜力赶工作进度外，作为党支部委员的正、副科长都不约而同地用上谈心谈话的好办法。

党支部委员与党支部委员、党支部委员与党员、党员与党员、党支部委员与部室群众之间都经常性开展谈心谈话，从疫情防控形势政策到常规科室工作，从检验检测技术到个人买房、结婚，谈话的场合有会议室、办公室、外出车辆上、工作现场等，还有更多的是通过电话或粤政易、微信等社交媒体。越是随机和放松的场合和方式，越能够避免谈话彬彬有礼、批评不痛不痒、改进可有可无的弊端。

在很长的时间段内，综合楼 301 会议室也几乎成了党支部的专用谈话室。2021 年度，在该会议室进行的谈心谈话就超过 80 次。工作时段之外的电话、微信的交流则基本做到全年无休。

通过平等相待、敞开心扉、毫不保留的谈话，该党支部作为一个原来与传染病预防控制素无关联的科室，得以全身心地切换到疫情防控大事业和日常工作小事业并驾齐驱的快车道，并真切体会到传染病预防控制的难度和重要政治意义。党支部被抽调从事疫情防控的同事现已全部成为各专班的骨干。部门日常工作的开展也毫不马虎，2021 年度的放射性危害因素监测项目获得广东省先进单位的表彰，2020—2021 年度的科研、论文、专著、对外合作等也都取得历史性突破。

三、启示

广州市疾病预防控制中心放卫质控第八党支部在单位长期面临重大公共卫生事件考验的情况下，积极利用各种方法主动开展谈心谈话，及时掌握了部室员工的家庭变故、心理状态、健康状态，充分了解了大家对于单位和个人发展的愿景和期许，全面掌握了每个员工所承担的工作、进度和困难，调动所有职工优质高效地完成上级、单位和部门的各项工作。

每个部门、每个单位都是由每个有血有肉的人所组成，人民的事从来都不是小事，也正是每个人的小事汇集成中国特色社会主义的大事业。

参考文献

[1] 共产党员网. 关于新形势下党内政治生活的若干准则（全文）[EB/OL].（2016-11-02）[2023-11-07]. https://news.12371.cn/2016/11/02/ARTI1478091665764299.shtml.

第二十章 创建党支部评星定级案例

> 抓实党支部评星定级,促党支部规范化建设提质增效

一、背景

为深入贯彻习近平新时代中国特色社会主义思想,落实新时代党的建设总要求,贯彻落实《中国共产党支部工作条例(试行)》《中国共产党党和国家机关基层组织工作条例》等规定及党中央和省委、市委部署要求,根据《广州市直属机关开展党支部评星定级推进模范机关建设实施方案》和《中共广州市卫生健康委机关委员会关于印发〈广州市卫生健康委系统开展党支部评星定级推进基层党组织建设全面进步全面过硬实施方案〉的通知》要求,广州市疾病预防控制中心党委努力推动中心各党支部全面进步、全面过硬,建设讲政治守纪律、负责任、有效率的模范机关,为卫生强市、健康广州提供了有力支撑。

2021年,在广州市疾病预防控制中心党委的领导下,广州市疾病预防控制中心食品第十二党支部以习近平新时代中国特色社会主义思想为指导,强化部室建设和管理,积极发挥支部战斗堡垒和党员先锋模范作用,圆满完成年度各项工作任务,并在2021年第四季度和年度星级党支部评审活动中,均获五星称号。

二、做法

1. 对标政治引领好,坚持把党的政治建设摆在首位,旗帜鲜明讲政治,彰显政治机关属性

广州市疾病预防控制中心食品第十二党支部支委紧紧围绕"党史学习教育"这条主线,紧扣"学党史、悟思想、办实事、开新局"要求,全面落实党建责任,增强"四个意识",坚定"四个自信",做到"两个维护",增强支部政治功能。同时,积极组织党员群众参加政治教育,"学习强国"平台参与度高,党员群众均高标准完成学习任务。

2. 对标组织队伍好,党支部班子团结有力,成员分工协作,彰显党支部战斗堡垒作用及党员先锋模范作用

广州市疾病预防控制中心食品第十二党支部委员履职尽责,带头落实民主集中制,发挥"头雁"作用和先锋模范作用，落实意识形态工作责任制，在党支部活动上，认真查摆问题，对党员开展教育和提醒。对于党费收缴，按时足额核算，管理严肃规范。

3. 对标制度落实好，全面落实新时代党的建设总要求，建立健全完整组织制度体系

广州市疾病预防控制中心食品第十二党支部继续做好党风廉政建设责任制，党支部记录规范完整。按照讲规矩、守纪律的要求，自觉遵守中央八项规定及其实施细则精神，贯彻落实严防"四风"要求，在工作和个人生活中均无违规违纪现象，在工作中注重加强党性修养，践行社会主义核心价值观，遵守社会公德，自觉增强自律意识。

2021年，广州市疾病预防控制中心食品第十二党支部严格按照党史学习要求，规范落实"三会一课"，每月定期开展主题党日活动。共组织支部组织生活52次，包括党员大会8次、党支部委员会12次、主题党日12次、党课4次、读书会8次、组织生活会和民主评议党员2次及为民办实事活动3次，大力开展党支部标准化、规范化建设，延伸党建工作触角、丰富党建工作内容。

4. 对标作用发挥好，坚决贯彻上级工作要求，推动构建"令行禁止、有呼必应"党建引领共建共治共享社会治理格局

2021年，广州市疾病预防控制中心食品第十二党支部继续做好党建和业务融合工作，大力推进"我为群众办实事"，其中两项的纳入"我为群众办实事"民生项目工作，均圆满完成并取得良好效果。

（1）农村义务教育学生营养改善项目（中心层面）。

认真贯彻落实《健康广州（2020—2030年）》和《广州市国民营养计划（2018—2030年）实施方案》，推进实施农村义务教育阶段学生营养改善计划和北部山区儿童营养改善项目，加强农村义务教育阶段学生的营养状况监测和干预联合增城区疾病预防控制中心积极推进项目的实施。累计开展调研3次、组织培训4场、举办讲座2场、完成现场调查506人。撰写报告，发文报送给广州市卫生健康委员会及相关单位，广州市教育局高度重视该项工作，为推动下一步工作打下基础。

（2）本地特色食品安全风险监测（卫生健康委员会层面），通过开展本地特色食品的风险监测，发现本地特色食品的风险隐患，并将监测结果提交到监管部门，为我市食品安全监管提供依据。

A. 双皮奶专项。采集本地特色的双皮奶、姜撞奶及其冲调粉样品，监测结果显示：即食双皮奶、姜撞奶成品中菌落总数超标率为10%；即食双皮奶、姜撞奶及其冲调粉的蛋白质含量存在较大差异。提示有必要制定双皮奶、姜撞奶及其冲调粉的食品安全地方标准、营养标准。

B. 本地花生油中真菌毒素风险评估专项。采集本地土榨花生油，检出黄曲霉毒素B_1超标率为10%。对比既往年度结果分析发现，广州市散装土榨花生油黄曲霉毒素B_1污染情况逐年改善，总体向好，但仍有部分样品的检测值远远高于限量值。这提示监督监管部门仍须关注土榨花生油，必要时开展专项整治行动，同时加强市民食用油安全宣传，引导市民购买食用合格花生油产品。

C. 淡水鱼生微生物和寄生虫风险评估专项。采集餐饮单位淡水鱼生,监测结果显示,淡水鱼生菌落总数超标率达52.83%,大肠菌群数超标率达66.04%;食源性致病菌总检出率达22.33%,检出致病菌为副溶血性弧菌、创伤弧菌和沙门氏菌;华支睾吸虫未检出。这提示食用淡水鱼生存在一定的细菌性食物中毒发病风险。

5. 对标工作作风好,落实带头转作风提效能,创建人民群众满意的模范党支部

2021年,广州市疾病预防控制中心食品第十二党支部圆满完成国家级、省级食品安全风险监测任务,稳步推进市本级食品安全风险监测工作。该中心全年对13大类食品开展常规监测,对3大类食品开展专项监测,任务完成率达100%,采样信息数据合格率达100%。

2021年,食品安全企业标准备案工作继续得以有序开展,食品安全标准跟踪评价工作稳步推进。广州市食品安全企业标准备案在标准评估份次、修改份次、受理份次及备案份次上均遥遥领先省内其他地级市。

2021年,广州市疾病预防控制中心食品第十二党支部继续积极推进健康广州行动之合理膳食行动,全民营养周、"5·20"中国学生营养日等主题活动,扩大宣传普及面,与各区疾控中心联动,发布媒体推文43篇;网络直播3场次,受众17 000人次;组织进社区37场次,受众4 658人次;进学校20场次,受众11 500人次。

6. 对标阵地建设好,建设特色鲜明,氛围浓厚,具有学习教育、感召激励等功能的党员活动阵地

广州市疾病预防控制中心食品第十二党支部在中心1号楼3楼会议室建立共用党员活动室,落实日常维护,规范管理,定期开展习近平新时代中国特色社会主义思想、习近平总书记重要指示批示精神的集中学习。并以群内接龙形式,鼓励运用信息化手段加强党员学习教育阵地建设。鼓励党员积极参加社区活动,加大公益宣传力度,持续开展垃圾分类等主题宣传,营造文明氛围。

三、启示

(1)量化考评指标,明确评级标准。广州市疾病预防控制中心党委明确了中心星级标准,建立评分等级(五星、四星、三星和不定星级)。同时对各考评指标内容进行细化,使支部做有目标、评有标准、赶有榜样。

(2)严格考评流程,提高创评质量。各党支部落实实事求是,做好支部自评。中心党委全面考量,做好综合考评,保证星级评审的严肃性、公正性、权威性。

(3)注重结果运用,实行动态管理。差异化施策,加强整改提升。按照"推动达标、晋位升级、巩固提升、整顿后进"的要求,对各级党支部差异化施策,加强整改提升。并且,通过对支部升星、降星的动态化管理,强化结果运用,可显著增强了各支部的责任感和紧迫感。

(4)强化考核激励,激发争创动力。将评星定级管理纳入支部书记考评,将评星定级作为各级党组织评选表彰的重要依据,均充分体现评先树优的科学性。

参考文献

[1]广州市直机关工委.广州市直属机关开展党支部评星定级推进模范机关建设实施方案[Z].2020-08-31.

[2]中共广州市卫生健康委员会.调整优化2023年委系统党支部评星定级工作有关问题的通知[Z].2023-05-29.

[3]共产党员网.中国共产党支部工作条例(试行)[EB/OL].(2018-11-25)[2023-11-07].https://www.12371.cn/special/zbgztlxxsc/.

[4]共产党员网.中共中央办公厅印发《关于加强基层服务型党组织建设的意见》[EB/OL].(2014-05-28)[2023-11-07].https://news.12371.cn/2014/05/28/ARTI1401277806402963.shtml.

[5]广州市人民政府.广州市人民政府关于实施健康广州行动的意见[EB/OL].(2020-12-25)[2023-11-07].https://www.gz.gov.cn/zwgk/fggw/szfwj/content/post_6994071.html.

[6]广州市人民政府办公厅关于印发广州市国民营养计划(2018—2030年)实施方案的通知[EB/OL].(2018-11-20)[2023-11-07].https://www.gz.gov.cn/zfjgzy/gzsrmzfbgt/zfxxgkml/bmwj/qtwj/content/post_4435564.html.

第二十一章 党支部结对共建案例

提升区疾病预防控制中心微生物检验能力

一、背景

为提高基层疾病预防控制中心微生物实验室的服务能力、切实解决个别区疾病预防控制中心微生物检测能力短板难题、实现健康广州目标,广州市疾病预防控制中心微检病免第十党支部于2021年3—11月开展"我为群众办实事"提升区疾病预防控制中心微生物检验能力项目,采取现场调研、专题授课、结对辅助等措施,累计完成培训3场、基层走访/调研6次、辅助开展微生物检验新项目2项,初步达到提升区疾病预防控制中心微生物检验能力的目标和成效。

二、做法

（一）充分调研,了解基层疾控痛点

通过在粤政易建立的广州疾控系统微生物检验科长交流群,广州市疾病预防控制中心微检病免第十党支部与广州市各区疾病预防控制中心检验科进行充分点对点沟通,了解他们微生物检验检测能力的难点痛点,主要集中在人员短缺、缺少技术指导、仪器设备落后等方面,确定以南沙区和花都区为重点帮扶区疾控中心,以食源性致病菌检测技术为重点帮扶项目,制定指导目标和计划。

（二）现场指导,提高基层疾控能力

针对前期调研发现的问题,一方面,该党支部积极配合质控部,结合该单位的三年行动计划,协助越秀区、白云区、番禺区、黄埔区四家区疾病预防控制中心进行仪器设备更新换代,提升区域疾控实验室的硬件水平。另一方面,该党支部于2021年3—11月,6次派出技术骨干到海珠区、黄埔区、番禺区、南沙区、天河区、荔湾区等基层疾控中心进行现场调研、技术指导,于2021年10月28日举办国家级继续教育培训班1次,培训各区疾病预防控制中心实验室工作人员40余人;2021年4月26日,为南沙区疾病预防控制中心及社区医院开展专题授课1次共30余人;11月19日,为花都区疾病预防控制中心开展专题授课1次（共20余人），全面提高各区食源性致病菌的检测能力（图21-1）。

A

B

C

D

A：党支部书记吴新伟带领本党支部党员在海珠区疾病预防控制中心就实验室生物安全问题进行指导；B：吴新伟带领本党支部党员在番禺区疾病预防控制中心就实验室质控进行探讨；C：吴新伟带领本党支部党员在天河区疾病预防控制中心开展技术交流指导；D：吴新伟带领本党支部党员同志在黄埔区疾病预防控制中心就实验室技术开展交流指导。

图21-1　现场指导

（三）对点帮扶，拓展基层疾控项目

根据前期调研结果，以及各区疾病预防控制中心的具体工作需求，广州市疾病预防控制中心制定了针对南沙区和花都区疾病预防控制中心的对点帮扶项目，分别由党支部党员骨干侯水平负责南沙区克罗诺杆菌项目，和鹏负责花都区产气荚膜梭菌项目的开展。目前已完成与两区疾病预防控制中心检验科人员的对接，两区疾病预防控制中心检验科人员来广州市疾病预防控制中心实验室进修，于2021年10月完成2个项目的实验室验证工作，2022年申请扩项（图21-2）。

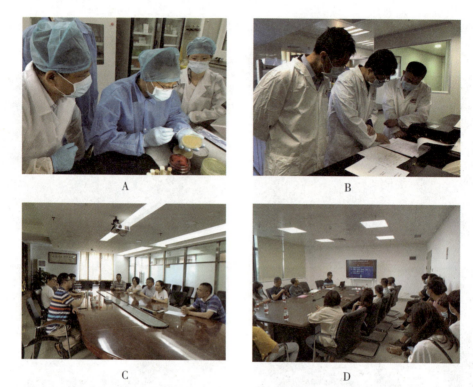

A：南沙区疾病预防控制中心技术人员到广州市疾病预防控制中心进修，学习克罗诺杆菌的分离鉴定技术；B、C：党支部书记吴新伟带领团队对海珠区疾病预防控制中心开展技术指导；D：吴新伟带领团队对南沙区疾病预防控制中心开展生物安全培训及技术指导。

图 21-2　对点帮扶区疾病预防控制中心实验室项目

三、启示

通过"我为群众办实事"项目的开展，以党建带动业务，各区疾病预防控制中心微生物检验能力得到进一步提升，特别是重点帮扶的两个区疾病预防控制中心，具有明显的成效。南沙区疾病预防控制中心在新建的实验室投入使用后，迅速掌握沙门菌、志贺菌、副溶血弧菌、霍乱弧菌、单增李斯特菌、致泻性大肠埃希菌、蜡样芽孢杆菌等常见食源性致病菌检测技术，在停工 3 年后首次自主开展辖区食品安全风险监测工作。花都区疾病预防控制中心熟练掌握了多病原的分子生物学检测方法，在 2021 年 9 月的食源性突发事件中，独立检测出 A 组溶血性链球菌。广州市疾病预防控制中心将加强对各区疾病预防控制中心实验室的技术指导力度，切实保证重点帮扶区疾病预防控制中心检验检测能力提升，夯实基层疾病预防控制中心检验能力根基。

第二十二章　党员志愿服务案例

> 普及健康知识，共筑健康防线

"我被蚊子叮咬了，会不会感染登革热？孩子得了流感，但是现在已经退热，为什么不能马上返回幼儿园？我咳嗽、头痛，能不能接种新冠疫苗？……"

每个人都是自己健康的"第一责任人"。为增强人民群众的健康意识、提高健康素养，广州市疾病预防控制中心传防免规寄地第五党支部践行党的宗旨和初心使命，坚持为群众办实事，将健康知识送到群众身边，送进群众心里，围绕打通群众健康知识普及"最后一公里"，开展一系列健康知识进校园、进企业、进社区等活动，推进全民共同构筑健康防线。

一、背景

"没有全民健康，就没有全面小康。""十四五"规划和2035年远景目标纲要明确提出"全面推进健康中国建设"，要求"把保障人民健康放在优先发展的战略位置，坚持预防为主的方针"。新冠感染、登革热、流感、疟疾等疾病防控工作的顺利推进，不仅需要国家采取强有力的具体措施，也需要群众自觉防疫意识的配合。特别是新冠疫情暴发以来，人民群众的防病主人翁意识得到增强，但总体上来看群众的疾病预防控制知识、能力还远远不足。针对人民群众日益增长的健康知识需求和疾病预防控制知识、能力的不足的矛盾，广州市疾病预防控制中心传防免规寄地第五党支部通过"进校园，进企业，进社区"等实践活动，推进健康知识立体式、辐射式、沉浸式宣传，全面加强人民群众的疾病防控知识和能力。通过授课、现场互动、参与小游戏、派发折页等宣传物品、现场讲解、现场解答咨询等方式共为600余名儿童及青少年、500余名企业员工和上万名社区居民科普常见呼吸道、肠道传染病、登革热、疟疾、新冠疫情防控、防灾减灾等相关知识，进一步筑牢全民安全、健康防线。

二、做法

（1）防病知识进校园，护佑祖国花朵。儿童、青少年是祖国的花朵，是祖国的未来。托幼机构和各类学校又是传染病疫情的高风险场所，在呼吸道、肠道、虫媒等传染病流

行季节,广州市疾病预防控制中心传防免规寄地第五党支部通过防疫知识进校园活动,让师生掌握更多的疾病防控知识,引导儿童、青少年从小培养良好的卫生习惯,为共建健康校园构筑了一道健康防线。

广州市疾病预防控制中心传防免规寄地第五党支部走进华南师范大学附属中学第二实验幼儿园,开展"科普知识进校园,护航未来的'你'"防疫知识宣讲活动,通过提前沟通掌握园方需求,确定宣讲内容及形式,支部党员就手足口、登革热等传染病的常见症状,以及预防措施给小朋友讲了一堂精彩生动的传染病科普课,并通过现场互动的形式教会大家如何正确洗手,用通俗易懂的语言,将传染病知识牢牢地种在每个小朋友的心里。

广州市疾病预防控制中心传防免规寄地第五党支部走进方圆第二幼儿园,开展"我为群众送健康志愿服务"健康宣教进校园活动,运用互动式、体验式宣讲,打造小型化、移动式宣讲阵地,每位党员利用自身特长,提供专业化、高质量的志愿服务,用志愿服务的爱心映照入党初心。两位党员同志先开展现场互动式、演示式授课,从增强疾病认识、提高健康防护能力入手,分别讲授"常见学校传染病"和"健康的空气",给小朋友们讲了精彩生动的科普课。接下来12位同志分别组成6个小型化宣讲阵地,给小朋友们开展体验式、游戏式的宣讲活动:利用逼真的牙齿模具带小朋友们认识正确有效的刷牙方式;手把手教小朋友认识牛奶、薯片等食物包装上的生产日期和有效期,让小朋友避免食用过期的食物;考察小朋友是否能掌握正确的"七步洗手法",嘱咐小朋友们谨记饭前便后、上学放学、户外活动后要把双手彻底洗干净;和小朋友一起玩预防登革热消灭蚊子游戏,让小朋友提醒爸爸妈妈清理好家中容易积水的地方,做好防蚊工作;利用垃圾分类卡片和垃圾桶模型,让小朋友学会正确的垃圾分类;演示水质酸碱度检测,生动向小朋友展示"水质的变化"。

广州市疾病预防控制中心传防免规寄地第五党支部走进百美汇形象设计艺术学院,开展"防疫关爱进学校"科普宣传活动,对在校学生宣传了虫媒传染病登革热、疟疾防控知识。通过现场派发登革热、疟疾宣传单张,利用宣传小扇子、雨伞、纸巾及现场咨询答疑等手段进行防疫知识宣传,普及登革热、疟疾防控知识,提高青少年学生对虫媒传染病的防控意识和能力。

(2)卫生应急进企业,筑牢安全发展基础。为贯彻落实习近平总书记关于应急管理、防灾减灾抗灾救灾问题的重要指示精神,强化安全发展理念,从源头上防范化解灾害风险,筑牢安全发展基础,提高企业务工人员的卫生应急急救素养和职业病防护意识,依托广州市卫生健康委员会组织的"全国防灾减灾日"卫生应急系列宣传活动,支部走进广汽获原模具冲压有限公司,通过"解救"获章游戏、街访视频、情景剧、专家小讲堂、卫生应急技能PK大赛、委属应急队伍现场展示应急技能等多种生动有趣形式,让企业员工学习和掌握卫生应急、新冠疫苗接种知识和新冠疫情等传染病防控技能,提升卫生应急和传染病防控素养。

(3)健康宣传进社区,防疫知识入人心。广州市疾病预防控制中心传防免规寄地第五党支部务实笃行，立足岗位，结合主题宣传日，开展健康宣传进社区系列实践活动。

广州市疾病预防控制中心传防免规寄地第五党支部走进白云区人和镇凤和村，开展"防疫关爱进社区"防疫宣传活动。登革热一直是广州市重点防制的传染病之一。2020年、2021年，由于新冠疫情防控策略，对入境人员进行14天的集中隔离，由输入导致的本地疫情大幅度减少，但输入病例常年均有报告。为了使群众理解和配合政府的防控行动，全员行动起来，开展以翻盆倒罐、"清积水，灭成蚊"为主的防控措施，预防本地登革热疫情发生，该支部走进白云区人和镇凤和村，通过派发宣传单张，以及群众喜闻乐见的宣传小扇子、雨伞、纸巾等物品，并在现场进行专家咨询答疑等手段对社区群众开展登革热、疟疾等重点传染病防控知识宣传。

结合全国儿童预防接种日，开展儿童预防接种宣传活动。为贯彻落实《中华人民共和国疫苗管理法》，开展疫苗安全法律、法规宣传，提高公众对预防接种的认识和理解，增强对疫苗的信心，营造全社会关心、支持和参与预防接种的良好氛围，广州市疾病预防控制中心传防免规寄地第五党支部利用主题宣传日契机，组织和指导各区开展线上宣传、现场活动等多种形式的预防接种知识宣传。白云区牵手医鹿阿里健康医疗在线服务平台，组织区疾病预防控制中心专家和辖区医疗单位优秀讲师开展预防接种周直播活动，针对性解答预防接种高频问题，辖区医疗单位同步推广预告，扩大宣传覆盖面和影响力。直播活动在线观看人数859人，获赞5 866个，取得良好的宣传效果。从化区联合街道在居委开展老年人专场科普宣传及现场接种服务，让老年人及有基础病的人群意识到"因自身免疫力较普通人群低，更应该接种疫苗保护自己"。各接种单位充分利用网络（微信公众号、微信群、QQ群）、公共电子显示屏和宣传车等媒体进行全民宣传，并在现场设立临时咨询点、派发宣传单张，在门诊和辖区内重点地段张贴宣传海报、悬挂横幅等多种形式开展宣传工作。主题宣传活动广泛营造"多一人接种、多一份健康"的正向舆论氛围，引导群众积极接种、主动接种、及早接种。2022年，主题宣传日活动全市发放宣传折页共25万张，海报1.5万张，设宣传咨询点397个，宣传栏1 033个，制作宣传主题横幅314条，并通过电视、网络、报刊等广泛宣传，共开展电视宣传10 488次、本市繁华区LED滚动屏32 473次、网络刊登科普材料77次，接到热线电话咨询23 473次。

广州市疾病预防控制中心传防免规寄地第五党支部走进社区，开展"全国疟疾日""狂犬病日""碘缺乏日"等现场宣传活动，提高人民群众的疾病防治意识，达成在平时主动防治、患病后能及时就医的目的。该支部走进增城区派潭镇榕树下村、花都区赤坭镇东升村等血吸虫病疫区进行螺情实地调查，对当地居民进行血吸虫病筛查和科普宣传，对当地畜牧（牛）进行血吸虫病调查，摸清当地的螺情分布、居民血吸虫病患病现况等，为控制血吸虫病提供依据。

三、启示

（1）坚持人民至上。全心全意为人民服务，是我们党区别于其他一切政党的根本标志，这要求我们坚持人民至上、把人民放在心中最高位置，贯彻群众路线、始终保持同

人民群众的血肉联系,永远把人民对美好生活的向往作为奋斗目标。疫情防控,为了人民,根基和力量也在人民。广大人民群众是自己健康的"第一责任人",是疫情防控的主体,也是防控疫情的最强大力量。我们讲疫情防控,绝不能脱离人民群众,而是要密切联系群众,走到人民群众身边,将疫情防控知识送到人民群众手上,送进人民群众心里、转化到人民群众的日常生活方式中。

（2）坚持开拓创新。创新是一个国家、一个民族发展进步的不竭动力。越是伟大的事业,越充满艰难险阻,越需要艰苦奋斗,越需要开拓创新。新冠疫情暴发以来,广州市疾病预防控制中心传防免规寄地第五党支部在党中央的领导下,因地因势处置聚集性疫情。疫情防控对该党支部提出更高的防控要求和响应速度,人民群众也展现对健康、疾病防控知识更强烈的需求。疫情防控,首在防,重在控。病毒变异防不胜防,各个年龄阶段、各行各业的人民群众都急需更丰富的疫情防控知识和技能。该党支部与时俱进、因地制宜,持续丰富防控工具箱,不断开拓形式生动、喜闻乐见的宣传形式,让健康知识宣传更加接地气,让人民群众听得到、看得见、信得过、学得会、用得上。

参考文献

［1］国家市场监督管理总局.中华人民共和国疫苗管理法［EB/OL］.（2019-06-29）［2023-11-07］.https://www.samr.gov.cn/zw/zfxxgk/fdzdgknr/fgs/art/2023/art_dde03480953841a5912c864dc29003d0.html.

第二十三章 为民办实事案例

第一节 坚守便民利民初心，服务群众零距离
（12320卫生服务热线民生项目）

"我为群众办实事"是开展党史学习教育的重要载体，是进一步联系和服务群众的重要手段，不仅仅是理论上的学习，而是真正运用到全心全意为人民服务上，帮助群众解决实际困难。为此，12320卫生服务热线管理部（以下简称12320热线管理部）立足本职专业，充分协调内外部资源，结合党史学习教育的重要内容，落实推进"我为群众办实事——服务无小事，效率暖民心"和"心理进校园，护苗助成长"两个项目。2022年上半年，12320热线管理部共办结工单27 690件，疫情相关工单15 136件，均按要求及时跟进处理。2021年，12320热线管理部开展1场心理健康进校园活动，完成2条高考相关视频，4篇心理健康相关文章，获得显著的成效。

一、背景

12320热线管理部坚持以习近平新时代中国特色社会主义思想为指导，围绕"学党史、悟思想、办实事、开新局"主题，认真贯彻"学史明理、学史增信、学史崇德、学史力行"要求，组织党员深入交流学习体会，查找差距不足，引导广大党员增强"四个意识"，坚定"四个自信"，做到"两个维护"，不断提高政治判断力、政治领悟力、政治执行力。12320热线管理部凝心聚力推动党史学习教育高标准、高质量深入开展，推动"我为群众办实事"实践活动落实落细、办实办好，以扎实行动践行学党史、悟思想、办实事、开新局。

二、做法

1. 服务无小事，效率暖民心

医疗卫生行业肩负民生"七有"中至关重要的"病有所医"职责，患者诉求和处理情况无疑是客观反映医疗卫生系统管理水平的重要参考指标。随着社会发展，"广州12345政务服务便民热线"（以下简称"12345"）已经逐渐成为市民表达诉求的主要方式和途径之一，而以"12345"为载体的"接诉即办"工作机制的落实，为调整优化工作流程和模式、努力提高服务意识和质量及更加优质地为患者服务注入新动力，是贯彻"以

患者为中心"服务理念的新发展。12320热线管理部以此为契机,从制度、人员上着手,着力提高"12345"转办市卫生健康委的工单处理效率。

（1）优化服务队伍。以补强方式,加入专家指导小组,提升工单处理专业性;以补时方式,执行（7×24）小时在线流转闭环紧急工单,提升工单处理时效性;以补缺方式,增加3名工单处理专员,提升工单处理准确性。

（2）组建"12345"工单解决平台。12320热线管理部结合工单流转机制,以优化业务流转为切入点,组建"12345"工单解决平台。在做好"12345"前端知识点实时更新、疑难业务支撑的基础上,强化市民需求接收、事项核实以及结果答复的全流程管理。

（3）开通疫情绿色通道。疫情期间,隔离人员、红黄码人员的就医问题无疑是万千民众所牵挂的事情。12320热线管理部在遵循防控要求的前提下,倡导温度管理,在疫情下留一条生命的"绿色通道",为市民排忧解难,提供个性化医疗服务。

2. 心理进校园,护苗助成长

青少年正是人生观、价值观形成,知识与技能积累的关键时期。如何正确有效引导青少年的思想与行为,将会直接影响这一群体的健康成长和职业发展,直接影响到改革发展成果。为此,12320热线管理部以校园心理为抓手,开展心理健康进校园的活动。

（1）联合广州电视台"校园大真探"视频号开展"心理健康进校园"直播活动。邀请中山大学心理学系教授、博士研究生导师高定国做客"校园大真探"视频号,为广大考生和家长进行"高考解压",直播现场教授如何缓解考前焦虑、考场上如何应对紧张情绪等热点内容,并在线上解答考生、家长提问。

（2）在12320卫生热线微信公众号推出原创文章《修改选项后考试分数更高了吗？中大心理学专家为你的"考试综合征"支招！》、两条视频《高考,凭第一感觉答题靠谱吗？》《考试临近状态不佳？心理专家教你应对考试焦虑》,通过微信公众平台与广州电视台视频号实现互联互通,方便考生获取心理健康知识。后续,12320卫生热线微信公众号针对考前焦虑相继推出心理健康相关文章3篇,以专业角度帮助广大考生和家长做好考前心理疏导工作。

三、启示

（1）持续优化便民工作,建设服务型单位。12320热线管理部将继续秉持"接诉即办"的理念,充分总结提炼,狠抓核心点,通过开展联络员专题培训、建立联络员单位考核机制、医院走访约谈等方式,提高医疗卫生系统工单的解决效率,培养医院的人文关怀意识,贯彻"以患者为中心"的服务理念,确立良好医患关系。另外,12320热线管理部对涉疫类工单严格执行2个工作日办结机制,着力解决人民群众最关心最直接最现实的切身问题,为促进社会和谐与健康发展做出贡献。

（2）积极倡导科学方法,深化普及健康知识。卫生健康工作关乎民生福祉,关乎人民群众实实在在的获得感、幸福感、安全感。青少年的心理健康只是冰山一角,健康科普之路任重道远。12320热线管理部将以前期的实践和积淀,党建引领,不断探索创新思路。下一步12320热线管理部将扩大宣传渠道、深化科普形式，用群众喜闻乐见的方式，使得宣传科普接地气、冒热气、有生气，真正让群众听得进、有共鸣、用得上。

第二节　促公共场所卫生，创美好健康环境
（环卫健教12320第九党支部民生项目）

群众健康无小事。为提高市民健康意识，主动识别和避免有害因素，营造健康的家庭环境和提高公共场所卫生服务能力，切实解决公共场所卫生安全难题，提高公共场所管理者的卫生健康素养和卫生管理水平，保障广大市民身体健康，广州市疾病预防控制中心环卫健教12320第九党支部立足专业，结合党史学习教育的重要内容，落实推进两项"我为群众办实事"项目——"家庭微环境健康"宣教项目和"公共场所卫生健康促进"宣教活动项目，完成线上直播宣教1次，制作和发放《公共场所卫生监测评价与健康促进指导手册》及游泳场所卫生宣教视频，累计完成向各区发送宣教材料（手册和视频）共600余份，达到显著的成效。

一、背景

广州市疾病预防控制中心环卫健教12320第九党支部坚持以习近平新时代中国特色社会主义思想为指导，围绕"学党史，悟思想，办实事，开新局"主题，认真贯彻"学史明理，学史增信，学史崇德，学史力行"要求，组织党员深入交流学习体会，查找差距不足，引导广大党员增强"四个意识"、坚定"四个自信"、做到"两个维护"，不断提高政治判断力、政治领悟力、政治执行力，推进中心公共卫生健康事业高质量发展，努力为广州市加快实现老城市新活力、"四个出新出彩"，推动"十四五"开好起好步、实现习近平总书记赋予广东的使命任务中勇当排头兵做出新的更大贡献。广州市疾病预防控制中心环卫健教12320第九党支部高标准推动"我为群众办实事"民生项目落地见效。该党支部切实将"任务清单"变为"销号清单"，把工作效果转化为社会效应。

二、做法

（1）精准对接群众需求，线上直播有活力。广州市疾病预防控制中心环卫健教12320第九党支部业务骨干通过多方征询、实地调查等方式收集民意，发现市民目前对家庭环境健康非常关注，他们迫切想了解家庭环境的相关知识。针对这一问题，该党支部锁定此次健康教育的宣传点，重点剖析宣传内容，科学制定宣传策略，最终选择目前非常流行的直播方式，在鹤龙街道科普直播平台进行家庭微环境健康宣教直播，讲解家庭微环境的构成，向市民介绍家庭中可能存在的环境危害因素，教会市民如何识别并避免有害因素，营造健康的家庭环境。该党支部重点向广大观众介绍了"在家庭微环境中究竟有哪些潜在的危害因素呢""除了外源性危害因素，内源性危害因素有哪些""零甲醛夹板是否指完全没有甲醛""实木柜子的奇怪气味是什么""苯、甲苯、二甲苯等挥发性

有机物对身体健康的危害""空气净化器的选择""家庭不同环境的健康危害分别有什么""如何减少或者避免这些危害"等几项内容，力争将宣传面做到更广更宽，普惠大众。

（2）群众健康无小事，搭起市区"连心桥"。公共场所是开展健康教育和健康促进工作的重要领域。如果公共场所卫生质量没有得到保障，那么公共场所就有可能成为疾病传播的地方。环境卫生部日常工作主要为监测公共场所卫生，发现目前公共场所卫生依然存在一些问题，主要与从业人员素质和管理水平参差不齐等有关。为提高公共场所管理者的卫生健康素养和卫生管理水平，保障市民身体健康，广州市疾病预防控制中心环卫健教12320第九党支部结合实际工作开展相关卫生健康宣教，制作了《公共场所卫生监测评价与健康促进指导手册》及游泳场所卫生宣教视频，主动派专业技术人员到公共场所进行现场健康宣教，本次活动中，环卫支部在各区的宾馆酒店、游泳场所等发送宣教材料（包括手册和视频）共计600余份。同时，现场向从业人员和管理者简单介绍公共场所卫生指标及限制要求、公共场所危害健康事故及处置要点，以及针对目前新冠疫情下的公共场所疫情期间的防控措施等内容，并得到从业人员和管理者的一致赞扬，切实提高了公共场所卫生管理水平，为保证广大人民群众身体健康献计献策。

三、启示

（1）坚持"政治统领、服务大局"，想市民健康之所需。广州市疾病预防控制中心环卫健教12320第九党支部通过直播进行家庭微环境健康宣教直播，提高了市民对于家庭微环境的认识，教会市民如何在日常生活中避免微环境健康危害因素，促进家庭环境相关认知和行为改善。环卫支部在党委和支部书记带领下，不断探索创新思路，党建引领，融合支部业务，为了将宣传最大化，使宣传普及更多群众，环卫支部仍在联系健教部商议拓宽宣传面事宜，力争将视频内容成文或微视频后在中心公众号上发布并宣传。

（2）坚持"工作统筹、资源整合"，推动业务培训工作的有序开展。公共场所因其在一定的时间和空间内，接纳不同来源和数量的人群，具有复杂性和多样性的卫生学特征，如人员混杂，流动性大，致病因素传播迅速；设备和物品重复使用，容易导致交叉污染；影响人体健康的因素多，来源复杂等。因此，公共场所卫生状况的好坏直接影响公众健康，如果公共场所卫生质量没有得到保障，就有可能成为疾病传播的地方。目前，广州市疾病预防控制中心环卫健教12320第九党支部党员业务骨干进行前期的健康宣教已取得显著成效：①受教游泳场所工作人员认知水平提高，反馈良好。②使用比色卡进行检测的场所已更换更加准确的余氯检测仪进行自检，保证检测的准确性。③换水不够的场所已按照标准和学习材料优化换水流程，增加换水频率，保证水质安全。④宣传材料发放之后，公共场所依从性增加，负责人与该党支部监测技术人员沟通更加密切，环境卫生部进行监测任务时更加顺畅。未来，该党支部将依托环境卫生部，继续推进宣教和市民群众互动的措施，联系各区各类型公众场所，继续加强环境健康宣传教育，发放《公共场所卫生监测评价与健康促进指导手册》和游泳场所卫生宣教视频。

参考文献

[1]何蔚云，冯文如.公共场所卫生监测评价与健康促进指导手册[M].北京：人民卫生出版社，2021.

第二十四章 疫情期间党员突击队案例

第一节 新冠疫苗接种的党员突击队案例

党员先行，共筑免疫屏障

一、背景

2020年12月，广州市在全省范围内首先开展新冠疫苗紧急使用接种工作，新冠疫情防控进入免疫预防时代。接种疫苗是预防传染病最经济、最有效的措施。在人群中大规模接种新冠疫苗，是疫情防控的重要工作。按照国务院联防联控机制的统一部署，需要快速推进新冠疫苗接种，特别在前期疫苗供应阶段性紧张的情况下落实"应种尽种"，这对广州市疾病预防控制中心，乃至全市疾控机构和接种单位都是前所未有的挑战。广州市疾病预防控制中心充分发挥党员突击队的作用，在新冠疫苗接种工作中身先士卒，不畏艰苦，夜以继日，确保广州市新冠疫苗接种工作快速、高效、安全地推进。截至2022年8月，广州市累计接种新冠疫苗5 532万剂次，2 201万人。

二、做法

1. 党员带头

新冠疫苗接种是人类历史上规模最大的接种活动，任务量极大；由于事关新冠疫情防控大，紧迫性极高；而由于涉及人群广，在整个接种工作中规范操作，把好安全底线的要求也很高。广州市疾病预防控制中心做好工作统筹，成立新冠疫苗接种工作专班，专项推进，根据工作需求分为了信息综合组、巡回督导组、疑似预防接种异常反应（adverse event following immunization，AEFI）组等，职责到人，分块协同推进。鉴于接种工作的特殊性，我们任命每个小组的组长要求均是党员（或积极分子），充分发挥党员带头作用，用高于常规工作的要求带领各组扎实、高效完成各项工作。

2. 党员应急

由于新冠疫苗接种工作是持续、快速推进的过程，需要和病毒赛跑。在1年多的疫苗接种工作过程中，不得因为节假日而停止，相反，广州市疾病预防控制中心利用市民休假的空闲时间，提供更加便捷、可及的接种服务。这就决定了广州市疾病预防控制中心疫苗专班的工作不得因为节假日而停滞。此外，在重要的节假日，更需要注意接种工作规范、安全地开展，不得因为舆情事件影响稳定。在节假日开展工作，势必会影响专班同事的正常休假。为此中心安排专班中的党员同志优先在节假日排班应急，将重活累活优先放在党员同志的肩上，牺牲个人的利益，为其他同事尽量创造出更多陪家人的时间。

3. 党建引领

在新冠疫苗接种过程中，党支部及时将党中央的指示精神传达给各位党员，组织党员同志集中学习习近平总书记的重要讲话精神，特别是对疫情防控工作的重要指示。一方面让党员同志们知道中心的工作一直是在党的统一领导下开展的，中心不是孤身独战；另一方面让党员同志不断激活自身的使命感和工作责任感，在遇到情绪或具体困难时，能够用党的理论和思想鼓舞自己，激励自己，快速重整旗鼓以投入工作。

三、启发

1. 在工作中贯彻党建引领

党的理论和思想是经过百年实践，并不断结合实际形成和完善的，是广州市疾病预防控制中心一切工作的内在要求和指引。在日常工作中要善于将党的理论和思想融入工作中去，既引导工作向预定的方向发展，也激励党员在工作中充满自信，消除顾虑。

2. 发挥党员的先锋模范作用

在工作中，特别是辛苦、压力大的工作，在同事们出现消极、倦怠的时候，要将党员的带头作用发挥出来，以党员同事为突破口，担起重任，让工作得以顺利开始，之后再借助党员同事的行动，带动其他同事一起干。

第二节　检验检疫党员突击队案例一

病毒猎手，日夜在行动
——记广州市疾病预防控制中心检验检测工作队

一、背景

2019年12月30日疫情在武汉出现，随后疫情在国内迅速蔓延。广州市疾病预防控制中心第一时间组建实验检测组及其临时党支部，24小时不间断地开展检测工作，把发现病例的时间缩短到极限，被称为"病毒猎手"。

二、做法

1. 提前预警，充分做好技术储备

2003年广东省抗击"非典"一等功臣——病毒免疫部部长兼党支部书记狄飚高度警觉，当晚紧急布置工作，第二天就开始储备防护物资和呼吸道病毒检测试剂，并于2020年1月10日拿到国内第一批新冠病毒核酸检测试剂盒，快速建立检测方法，开始对广州各大医院新冠感染病例的筛查工作。1月20日晚，他们检出广州首例新冠感染病例。

2. 统筹指挥，迅速集结"追凶"队伍

2020年1月22日，在广州市疾病预防控制中心的统一指挥下，来自质量控制、病免、微生物检验、理化、毒理、艾滋病防控等部室73名专业技术人员迅速成立实验检测组及其临时党支部，组员们全部取消休假，快速投入标本接收和检测工作。随着疫情的不断蔓延，每天检测的样本数不断增加，工作强度达到日常的10倍以上，每天都有100多辆救护车日夜不停地向收样室驶来，收样窗口24小时开放。

3. 迎难而上，全力以赴一战到底

疫情初期防护物资紧缺。为节省防护服和N95口罩，所有检测人员要先上厕所，不敢喝水，中途不能离开实验室，遇到疑难标本要立即复核。实验中检测人员需要采取三级防护，配备密不透风的防护服、N95口罩、容易起雾的护目镜。4～5小时的检测工作下来，满脸勒痕，浑身湿透。面对所有的困难他们都迎难而上。面对凶险的病毒，每位病毒猎手都毫不畏惧，以最快的速度、最认真的态度检测每一份标本，为疫情防控提供有力保障。

4. 党员带头，引领示范激昂斗志

防疫战中，党支部党员不怕辛苦、不计得失、奋勇争先的身影处处可见。老党员陈继峰已临近退休，在上一年刚做甲状腺瘤手术，但他忍受着高血压、胃溃疡、睡眠障碍的折磨，依然主动负责风险最高的开罐取标本工作。党支部委员曹蓝在两次怀孕中都遇上疫情，一次遇上H7N9禽流感疫情，另一次遇上新型冠状病毒疫情。然而，她每次都依旧坚守在一线。党支部委员李魁彪作为病毒免疫部副部长，身先士卒，战斗在一线。党员刘巧谊深夜送样摔伤脚踝，忍着剧痛把标本准时送到实验室后仍然坚持值完24小时的班。青年许杨，除做好检测工作外，还兼职"战地记者"。疫情期间他的奶奶不幸离世，他强忍着悲痛继续战斗，没有落下一个班。实验检测临时党支部在这场防疫战中，不怕辛苦、奋勇争先的身影处处可见。受党的感召和党员同志的影响，许杨也郑重地向党支部递交入党申请书，希望以一名共产党员的身份投身防疫工作，为国家和人民效力。

以上只是检验人在疫情工作中的缩影。在疫情期间，每个人夜以继日，捕猎病毒，争取早日打赢这场没有硝烟的抗疫战争！

三、启示

2020年新冠疫情暴发以来，以微检病免第十党支部的全体党员同志为主要成员的广

州市疾病预防控制中心新冠病毒检测队一直坚守在新冠病毒核酸检测和复核的第一线，为广州市新冠病例的实验室检测确诊发挥一锤定音的作用。

2020年和2022年，广州市疾病预防控制中心新冠检测队连续2次被广州市卫生健康委员会授予"党员先锋岗"荣誉称号。这既是鼓励和嘉奖，又是对今后的工作提出更高的要求。新冠病毒检测队全体党员干部将不辱使命，继续传承和发扬敬业、专业的光荣传统，进一步提高党员干部的组织凝聚力和战斗力，成为一支集实战、教学和科研于一体的优秀先锋实验室检测队伍，更出色地完成组织交付的各项任务。

第三节　检验检疫党员突击队案例二

> 快速反应，千里驰援
> ——移动核酸检测车支援湛江市徐闻县

一、背景

2021年10月，广州市疾病预防控制中心购置了新冠病毒核酸检测移动P2+方舱实验室。该集成式核酸检测实验室为加强型生物安全防护二级标准室设计、生产的实验室，具有独立的生物密闭与空气处理装置，气流组织采用单向流设计，配备3个主实验室及缓冲区，且在同一实验舱实现试剂准备、样本处理、扩增实验分析的三个主体功能，可满足新冠病毒核酸检测流程的需求。

2022年1月24日，广州市疾病预防控制中心联合广州市白云区疾病预防控制中心顺利完成移动P2+方舱实验室新型冠状病毒核酸检测应急演练，为随时出征支援新冠病毒核酸检测做好各项准备。

2022年5月6日，地处粤西的湛江市暴发本土新冠病毒疫情，源头不明，几天来病例数迅速攀升，情况紧急。5月10日0时左右，广州市疾病预防控制中心接到广东省卫生健康委员会下达的支援湛江市核酸检测的紧急任务，微检病免第十党支部第一时间迅速响应，组织专业技术队员随移动核酸检测车出发，紧急支援当地大规模核酸检测任务。

二、做法

接到出发命令后，各位支援队员克服了种种困难，连夜完成出发前的各项准备工作，经过500多千米的长途跋涉，他们于2022年5月10日傍晚抵达支援任务目的地湛江市徐闻县锦和镇卫生院，并连夜完成移动实验室的各项调试和前期准备工作。5月11日开始，他们与中山大学附属第一医院移动核酸检测方舱支援队一起并肩作战，帮助徐闻县顺利完成 2 轮大规模核酸检测任务。

这是广州市疾病预防控制中心移动核酸检测车的第一次实战支援任务。参与本次支援任务的 7 位队员均展示优良的精神风貌和坚强的意志，与在同一片区参与支援任务的中山大学附属第一医院支援队同甘苦，共进退，积极沟通，连续作战，于 2022 年 5 月 15 日顺利完成支援任务。在本次支援任务中，广州市疾病预防控制中心移动检测实验室共计完成核酸检测任务 1 600 余单管（约 3.2 万人次），其中在 5 月 12 日单日检测量最高峰，17 小时内完成 1 100 余单管（约 2.2 万人次）。

2022 年 5 月 15 日，徐闻县当地政府为支援队举办了一个简单的欢送仪式，向全体队员致以崇高的敬意和诚挚的感谢，并将写着"心系徐闻百姓，助力疫情防控"的锦旗送给广州市疾病预防控制中心的核酸检测支援队。

三、启示

在抗击新冠疫情的战役中，广州市疾病预防控制中心微检病免第十党支部全体党员的组织性、纪律性和凝聚力得到进一步提高。2020—2022 年，广州市疾病预防控制中心先后多次派出实验室检测人员支援多个地市区，出色地完成任务。在 2022 年配备 P2+ 检测实验室后，微检病免第十党支部多次深入疫情前沿第一线，现场开展核酸检测，为疫病防控争取宝贵时间。相信微检病免第十党支部全体党员干部在广州市疾病预防控制中心党委正确的组织和带领下，将进一步提高专业技术水平和应急指挥作战能力，为疾病预防控制事业贡献重要力量。

附　录

附录一 党支部公推直选流程图

党支部公推直选流程如附图 1-1 所示。

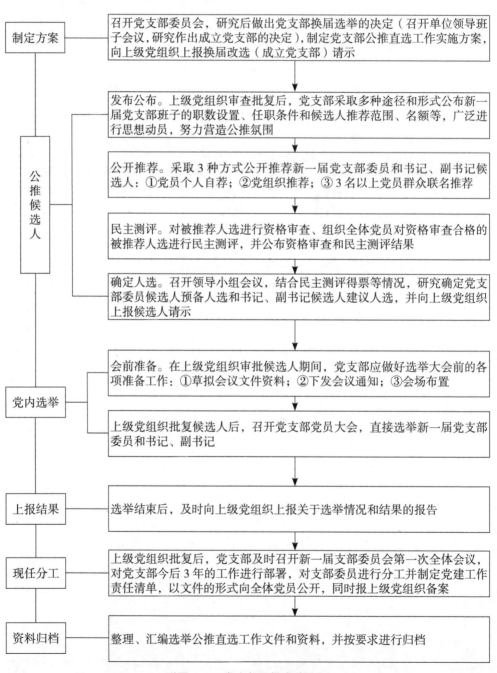

附图 1-1 党支部公推直选流程

附录二　党支部公推直选工作流程

（注：本流程适用于换届改选、缺额增补和新成立的党支部公推直选工作。换届改选党支部的公推直选工作由公推直选工作领导小组负责，缺额增补党支部的公推直选工作由本届支部委员会负责，新成立党支部的公推直选工作由筹备工作领导小组负责）

1. 制定方案

召开党支部委员会，研究做出党支部换届选举的决定（新成立的党支部，召开单位领导班子会议，研究做出成立党支部的决定），拟定新一届党支部班子职数、任职条件、选举产生办法和候选人推荐范围、差额比例等；成立公推直选工作领导小组（新成立的党支部成立筹备工作领导小组），确定领导小组成员名单及职务等；制定公推直选实施方案，草拟换届改选（成立党支部）请示，报上级党组织审批。

请示内容包括本届党支部选举产生时间及任期情况、换届改选的依据（成立党支部的理由）、新一届党支部班子的职数设置、选举产生办法和候选人差额比例等。

2. 发布公告

上级党组织批复后，采取多种途径和形式公布新一届党支部班子的职数设置、任职条件和候选人推荐范围、名额等，广泛进行思想动员，努力营造公推氛围。

3. 公开推荐

采取3种方式公开推荐新一届党支部委员和书记、副书记候选人：①党员个人自荐，并填写个人自荐候选人表。②党组织推荐，并填写党组织推荐候选人表。③3名以上党员、群众联名推荐，并填写党员群众联名推荐候选人表。

4. 民主测评

对被推荐人选进行资格审查，组织全体党员对资格审查合格的被推荐人选进行民主测评，并公布资格审查和民主测评结果。

5. 确定人选

召开领导小组会议，结合民主测评得票等情况，研究确定党支部委员候选人预备人选和书记、副书记候选人建议人选（委员候选人预备人选应按照不少于应选人数20%的差额确定，书记、副书记候选人建议人选按照等额或差额确定）。草拟候选人请示和相关材料，并报上级党组织审批。

请示内容包括公推和确定候选人基本情况、候选人差额比例及人员名单等。相关材料包括基层党组织公推候选人名册、基层党组织候选人民主测评汇总表、党内职务任免呈报表、对候选人廉政审查的意见等。

6. 会前准备

在上级党组织审批候选人期间，党支部应做好选举大会前的各项准备工作。

（1）会议文件准备。准备工作报告（新成立的党支部起草筹备工作报告）、选举办法（草案）、大会议程和主持词、候选人简况、总监票人、监票人、计票人建议人选名单、选票、清点人数报告单、分发选票情况报告单、计票统计表、计票结果报告单、委员及书记、副书记当选名单、新当选书记发言稿、上级领导讲话稿、第二次投票预案及选举全套文件资料。

（2）下发会议通知。向党小组和党员下发会议通知，包括召开会议时间、地点和内容等。若需要邀请上级党组织参加会议，则还需要发邀请函。

（3）推介候选人。可根据本单位实际，组织委员候选人预备人选和书记、副书记候选人建议人选通过组织生活、党日活动等方式与党员见面交流，听取党员的意见和建议，让党员熟悉、了解候选人。

（4）联系并布置会场。会场布置的总体原则是庄严隆重、朴素大方。

7. 党内选举

上级党组织批复候选人后，组织召开支部党员大会，直接选举党支部委员和书记、副书记。主要议程如下：

（1）本届党支部作工作报告（新成立的党支部做筹备工作报告）。

（2）宣读上级党组织有关批复。

（3）介绍候选人简况。

（4）宣读选举办法（草案）和总监票人、监票人、计票人建议人选名单。

（5）讨论并表决通过工作报告、选举办法（草案）和总监票人、监票人、计票人建议人选名单。

（6）根据单位实际情况组织候选人进行竞职演讲或答辩。

（7）以无记名投票方式直接选举委员。

（8）以无记名投票方式直接选举书记、副书记。

8. 上报结果

选举结束后，党支部及时向上级党组织上报关于选举情况和结果的报告。选举产生的书记、副书记报上级党委审批，选举产生的委员报上级党委备案。

报告的内容包括召开党员大会依据、召开会议时间、党员到会情况、投票方式、候选人得票情况、委员、书记、副书记当选名单等。

9. 责任分工

接上级党委批复后，党支部及时召开新一届支部委员会第一次全体会议，对党支部今后工作进行部署，对党支部委员进行分工。会后，党支部根据委员分工，制定党建工作责任清单，并以文件的形式向全体党员公开、向上级党组织报备。同时，整理、汇编选举文件和资料，并按规定存档。

附录三 关于成立中共×××支部委员会的请示

关于成立中共×××支部委员会的请示如下。

××请〔20××〕××号　　　签发人：×××

关于成立中共×××
支部委员会的请示

×××（上级党组织）：

经××××《关于成立××工作的通知》（××〔20××〕××号）文件批准，××于20××年××月××日正式挂牌成立，主要负责我×××等方面工作。我现有党员××名，其中预备党员××名。按照《中国共产党章程》《中国共产党党和国家机关基层组织工作条例》规定，为加强我单位党建工作，经领导班子研究，拟成立中共×××支部委员会（以下简称××××党支部），党支部设委员×名，其中书记1名、副书记×名。

根据党内有关规定，党支部拟按照《党支部公推直选办法》召开党员大会选举产生。委员实行差额选举，候选人差额比例不少于20%；书记、副书记实行等额（或差额）选举。

为做好党支部的筹备和选举工作，拟成立××××党支部筹备工作领导小组，由×××同志任组长，×××同志任副组长，×××、×××……位同志任成员，全面负责党支部的公推直选等相关工作。

当否，请批示。

附件：1.《关于成立×××（基层党组织）的通知（复印件）》
　　　2.《××党员花名册》
　　　3.《党支部公推直选实施方案》

×××（基层党组织）
20××年××月××日
（联系人：×××，联系电话：×××××××）

×××（基层党组织）办公室　　　20××年××月××日印发

附录四　关于成立中共×××支部委员会的批复

关于成立中共×××支部委员会的批复如下。

×××复〔20××〕××号

**关于成立中共×××
支部委员会的批复**

×××（基层党组织）：

　　你们报来《关于成立中共×××（基层党组织）支部委员会》（××请〔20××〕××号）收悉，经研究：

　　同意成立中共×××（基层党组织）支部委员会（简称××××党支部）。

　　同意召开党员大会选举产生×××党支部，新一届党支部设委员×名，其中书记×名、副书记×名。

　　同意成立××××党支部筹备工作领导小组，由×××同志任组长，×××同志任副组长，×××、×××……×位同志任成员，全面负责××××党支部的筹备和公推直选等相关工作。党支部选举产生后，其筹备工作领导小组自行撤销。

　　此复。

×××（上级党组织）
20××年××月××日

×××（上级党组织）办公室　　　20××年××月××日印发

附录五　关于中共×××支部委员会换届选举的请示

关于中共×××支部委员会换届选举的请示如下。

　　　　××请〔20××〕××号　　签发人：×××

关于中共×××支部
委员会换届选举的请示

×××（上级党组织）：

　　×××党支部于××××年××月××日选举产生，现已任期届满（或即将任期届满）。经研究，拟于××××年××月按照《党支部公推直选办法》召开党员大会进行选举，新一届党支部设委员×名，其中书记×名、副书记×名。

　　按照党内有关规定，新一届党支部委员实行差额选举，候选人差额比例不少于20%；书记、副书记实行等额（或差额）选举。

　　当否，请批示。

　　附件：《×××党支部公推直选实施方案》

×××支部委员会

20××年××月××日

（联系人：×××，联系电话：×××××××）

中共×××支部委员会　　　20××年××月××日印发

附录六　关于中共×××支部委员会换届选举的批复

关于中共×××支部委员会换届选举的批复如下。

××复〔20××〕××号

**关于中共×××支部委员会
换届选举的批复**

中共×××支部：

　　你们报来《关于中共×××支部委员换届改选的请示》(××请〔20××〕××号)收悉，经研究，同意你党支部换届改选，新一届支部委员会设委员×名，其中书记×名、副书记×名。

　　请按照党内有关规定，认真做好换届选举工作。

　　此复。

×××（上级党组织）
20××年××月××日

×××（上级党组织）　　20××年××月××日印发

附录七　关于中共×××支部委员会增补委员的请示

关于中共×××支部委员会增补委员的请示如下。

××请〔20××〕××号　　签发人：×××

关于中共×××支部
委员会增补委员的请示

×××（上级党组织）：

　　中共×××支部于××××年××月××日进行换届改选，党支部委员会设委员×名，其中书记×名、副书记×名。××××年××月，党支部委员×××、×××两位同志因工作需要调离。目前，党支部委员缺额×名。为确保党支部班子健全和党建工作正常开展，经研究，拟于××××年××月按照《党支部公推直选办法》召开党员大会，补选委员2名。

　　按照党内有关规定，委员实行差额选举，候选人差额比例不少于20%。

　　当否，请批示。

附件：《×××党支部公推直选实施方案》

×××支部委员会
20××年××月××日
（联系人：×××，联系电话：×××××××）

中共×××支部委员会　　　　20××年××月××日印发

附录八　关于中共×××支部委员会增补委员的批复

关于中共×××支部委员会增补委员的批复如下。

××复〔20××〕××号

**关于中共×××支部委员会
增补委员的批复**

中共×××支部：

你们报来《关于中共×××支部委员会增补委员的请示》(××请〔20××〕××号)收悉。经研究，同意你党支部召开党员大会补选委员×名。

请按党内有关规定认真组织好选举工作。

此复。

×××（上级党组织）
20××年××月××日

×××（上级党组织）办公室　　20××年××月××日印发

附录九 ×××党支部公推直选实施方案

为切实做好×××党支部换届选举工作（新成立的党支部，做好筹备和选举工作），按照《中国共产党章程》《中国共产党基层组织选举工作条例》《中国共产党党和国家机关基层组织工作条例》有关规定和《党支部公推直选办法》的要求，结合本单位实际，制定本实施方案。

一、指导思想

以习近平新时代中国特色社会主义思想为指导，深入贯彻落实党的二十大和习近平总书记重要讲话精神，改革创新党内选举方式，发挥广大党员和群众的作用，尊重党员主体地位、保障党员民主权利，通过公推直选方式选准配强高素质的基层党组织领导班子，为推动××发展提供坚强的组织保证。

二、组织领导

成立×××党支部筹备工作领导小组（新设立的党支部成立公推直选领导小组），负责党支部公推直选的组织、协调、督查及其他日常工作。具体名单如下：

组　　长：×××

副组长：×××

成　　员：×××、×××、×××

三、职数配备、任职条件和要求

（一）职数配备

新一届党支部班子的配备，坚持以精干、高效、稳定为原则，根据单位党员数量，党支部设委员×名，其中书记×名、副书记×名（不设支部委员会的党支部，只设书记×名、副书记×名，下同）。

（二）任职条件

1. **基本条件**

（1）政治思想素质好，为人公道正派，遵纪守法。

（2）有较强的责任感和奉献精神，在群众中有较高威信。

（3）有一定党务工作经验，推动发展能力强，有实干精神。

（4）组织协调能力强，善于调动党员群众的积极性，凝聚群众共同奋斗。

（5）所有候选人必须是组织关系在本党支部的中共正式党员。

2. **限制条件**

有下列情形之一的，不能推荐为候选人：

（1）受到党纪、政务处分按规定不能担任党内职务的。
（2）长期外出不能回单位工作的。
（3）经党组织研究认为不适合担任党内职务的。
（4）本人不愿意担任党内职务的。
（5）特别条件。

候选人必须具备履行职责所需的思想政治素质和党务工作领导能力，初任年龄应至少能够任满一届。书记一般应由本单位党员负责人兼任（设有专职党组书记的由党组书记兼任），副书记应由本单位副职以上党员干部兼任（可根据本单位实际规定）。

四、方法和步骤

1. **制定方案**

（××月××日至××月××日）召开党支部委员会，研究作出党支部换届选举的决定（新成立的党支部，召开单位领导班子会议，研究作出成立党支部的决定），拟定新一届党支部班子职数、任职条件、选举产生办法和候选人推荐范围、差额比例等；成立公推直选工作领导小组（新成立的党支部成立筹备工作领导小组），确定领导小组成员名单及职务等；制定公推直选实施方案，草拟换届改选（成立党支部）请示，报上级党组织审批。

2. **发布公告**

（××月××日至××月××日）采取多种途径和形式公布新一届党支部班子的职数设置、任职条件和候选人推荐范围、名额等情况，广泛进行思想动员，努力营造公推氛围。

3. **公开推荐**

（××月××日至××月××日）采取三种方法公开推荐新一届党支部委员和书记、副书记候选人：①党员个人自荐，并填写《个人自荐候选人表》；②党组织推荐，并填写《党组织推荐候选人表》；③3名以上党员、群众联名推荐，并填写《党员群众联名推荐候选人表》。

4. **民主测评**

（××月××日至××月××日）对被推荐人选进行资格审查、组织全体党员对资格审查合格的被推荐人选进行民主测评，并公布资格审查和民主测评结果。

5. **确定人选**

（××月××日至××月××日）召开领导小组会议，结合民主测评得票等情况，研究确定党支部委员候选人预备人选和书记、副书记候选人建议人选（委员候选人预备人选应按照不少于应选人数20%的差额确定，书记、副书记候选人建议人选按照等额或差额确定）。草拟候选人请示和相关材料，并报上级党组织审批。

6. **选举准备**

在上级党组织审批候选人期间，党支部应做好党员大会选举前的各项准备工作。主要工作包括：草拟工作报告（筹备工作报告）、大会议程、选举办法（草案）、主持词、会议通知和选票等材料。还可根据本单位实际，组织委员候选人预备人选和书记、副书记候选人建议人选通过组织生活、党日活动等方式与党员见面交流，听取党员的意见和建议，让党员熟悉、了解候选人。

7. 党内选举

（××月××日）上级党组织批复候选人后，组织召开支部党员大会，直接选举党支部委员和书记、副书记。主要程序：①本届党支部作工作报告（新成立的党支部做筹备工作报告）。②宣读上级党组织有关批复。③介绍候选人简况。④宣读选举办法（草案）和总监票人、监票人、计票人建议人选名单。⑤讨论并表决通过工作报告、选举办法（草案）和总监票人、监票人、计票人建议人选名单。⑥以无记名投票方式直接选举委员。⑦以无记名投票方式直接选举书记、副书记。

8. 上报结果

（××月××日）选举结束后，党支部及时向上级党组织上报关于选举情况和结果的报告。选举产生的书记、副书记报上级党委审批，选举产生的委员报上级党委备案。

9. 责任分工

接上级党委批复后，党支部及时召开新一届支部委员会第一次会议，对党支部今后工作进行部署，对支部委员进行分工（不设党支部委员会的党支部对今后工作进行部署）。会后，党支部根据委员分工，制定党建工作责任清单，并以文件的形式向全体党员公开、向上级党组织报备。同时，整理、汇编选举文件和资料，并按规定存档。

五、工作纪律

（一）严格依法办事

对在推选候选人、组织投票选举等选举过程中，有违法违纪行为的，将及时责令改正，并追究有关人员责任。

（二）认真对待来信来访

尊重广大党员、群众的申诉权、信访权，高度重视并正确对待来信来访，切实有效解决党员、群众反映的问题，依法维护党员和群众的民主权利。坚持及时、就地、依规、依法解决问题和思想教育疏导相结合的原则，对反映属实，确实存在违法、违纪行为的，及时向上级反映，协助上级对有关人员进行查处；对反映与实际情况有出入的，要说明情况，澄清事实，消除误会；对反映的问题一时解决不了的，要说明原因，做好解释工作。

附录十　推荐基层党组织候选人公告

×××党支部于20××年××月××日选举产生，现已任期届满（新成立的党支部介绍上级党组织批复成立党支部的有关情况）。经×××（上级党组织）批准，党支部将于近期按照公推直选的方式进行换届选举。为做好新一届党支部候选人的公推工作，现将党支部班子的职数设置、任职条件及候选人推荐方式、范围、名额等情况公布如下。

一、班子设置

新一届党支部设委员×名，其中书记×名、副书记×名。按照委员实行差额选举，候选人差额比例不少于20%，书记、副书记实行等额选举的规定，应推荐党支部委员候选人×名，其中书记候选人×名、副书记候选人×名。

二、任职条件

（一）基本条件
（1）政治思想素质好，为人公道正派，遵纪守法。
（2）有较强的责任感和奉献精神，在群众中有较高威信。
（3）推动发展能力强，有一定党务工作经验，有实干精神。
（4）组织协调能力强，善于调动党员群众的积极性，凝聚群众共同奋斗。
（5）所有候选人必须是组织关系在本支部的中共正式党员。
（二）限制条件
有下列情形之一的，不能推荐为候选人：
（1）受到党纪、政务处分按规定不能担任党内职务的。
（2）长期外出不能回单位工作的。
（3）经党组织研究认为不适合担任党内职务的。
（4）本人不愿意担任党内职务的。
（三）特别条件
候选人必须具备履行职责所需的思想政治素质和党务工作领导能力，初任年龄应至少能够任满一届。书记应由本党员负责人兼任（设有党组书记的单位由党组书记兼任），副书记应由本副职以上党员干部兼任（可根据本单位实际规定）。

三、推荐方式

按照《党支部公推直选办法》规定，新一届党支部的委员、书记、副书记候选人采取以下方式进行推荐：

（1）上级党组织和本级党组织推荐。
（2）3名以上的党员、群众联名推荐。
（3）符合条件的党员自我推荐。

参加推荐和自荐的组织、个人请到×××党支部公推直选领导小组（设在×××办公室）领取推荐表或在×××网下载推荐表。公开推荐截止时间为20××年××月××日。

联系人：×××　　　电话：×××××××

×××党支部公推直选领导小组
20××年××月××日

附录十一 党组织推荐候选人表

党组织推荐候选人表见附表11-1。

附表11-1 党组织推荐候选人表

姓　　名		性　　别		民　　族	
出生年月		文化程度		工作时间	
入党时间		党内职务		行政职务	
工作单位				电　　话	
拟推荐党内职务					
推荐理由	推荐党组织（盖章）：　　　　　　　　　　　　　　　　年　月　日					
被推荐人意见	签名：　　　　　　　　　　　　　　　　　　　　　　年　月　日					

附录十二　党员群众联名推荐候选人表

党员群众联名推荐候选人表见附表 12-1。

附表 12-1　党员群众联名推荐候选人表

姓　　名		性　　别		民　　族	
出生年月		文化程度		工作时间	
入党时间		党内职务		行政职务	
工作单位				电　　话	
拟推荐党内职务					
推荐理由	推荐人签名：　　　　　　　　　　　　　　　年　月　日					
被推荐人意见	签名：　　　　　　　　　　　　　　　　　　年　月　日					

附录十三 个人自荐候选人表

个人自荐候选人表见附表 13-1。

附表 13-1 个人自荐候选人表

姓　　名		性　　别		民　　族	
出生年月		文化程度		工作时间	
入党时间		党内职务		行政职务	
工作单位				电　　话	
拟推荐党内职务					
工作经历					
自荐理由					
自荐人签名：				年　月　日	

附录十四 基层党组织公推候选人民主测评表

基层党组织公推候选人民主测评表见附表14-1。

附表14-1 基层党组织公推候选人民主测评表

党组织名称（盖章）：　　　　　　　　　　　　　　测评时间：

序号	姓名（按姓氏笔画排序）	推荐职位	测评内容																			推荐为候选人意见	
			德				能				勤				绩				廉				同意	不同意
			优秀	较好	一般	较差	优秀	较好	一般	较差	优秀	较好	一般	较差	优秀	较好	一般	较差	优秀	较好	一般	较差		

①德、能、勤、绩、廉的主要内容："德"是指被推荐人选的政治信念、政治方向、政治立场、道德品质等方面的情况；"能"是指被推荐人选的领导水平、工作能力、文化知识水平和理论素养等方面的情况；"勤"是指被推荐人选的开拓进取精神、工作态度、工作作风等方面的情况；"绩"是指被推荐人选的履行岗位职责情况和工作实绩；"廉"是指被推荐人选的廉洁自律情况。②请在您认为合适的空格正中打"√"。

附录十五 基层党组织候选人民主测评汇总表

基层党组织候选人民主测评汇总表见附表15-1。

附表15-1 基层党组织候选人民主测评汇总表

基层党组织名称（盖章）：

党组织名称（盖章）： 参加测评人数： 测评日期：

序号	姓名	推荐职位	测评内容																	推荐为候选人意见		
			德				能				勤				绩				廉				同意	不同意	弃权
			优秀	较好	一般	较差	优秀	较好	一般	较差	优秀	较好	一般	较差	优秀	较好	一般	较差	优秀	较好	一般	较差			

党组织负责人签名： 经手人签名：

附录十六　关于中共×××支部委员会候选人的请示

关于中共×××支部委员会候选人的请示如下。

××请〔20××〕××号　　签发人：×××

关于中共×××支部委员会
候选人的请示

×××（上级党组织）：

　　按照你委《关于中共×××支部委员会换届改选的批复》（××复〔20××〕××号）要求，×××党支部于××月××日至××月××日组织党员进行公开推荐，通过资格审查、民主测评、支委会研究，并报党委会同意，按照委员候选人差额比例不少于20%和书记、副书记候选人等额的规定，拟提名×××、×××……×名同志为×××党支部委员候选人，其中×××同志为书记候选人、×××同志为副书记候选人。

　　当否，请批示。

　　附件：1.《基层党组织候选人名册》
　　　　　2.《基层党组织候选人民主测评汇总表》
　　　　　3.《关于对××等同志党风廉政审查的意见》
　　　　　4.《党内职务任免呈报表》

中共×××支部委员会

20××年××月××日

（联系人：×××，联系电话：×××××××）

中共×××支部委员会　　　20××年××月××日印发

附录十七 基层党组织公推候选人名册

基层党组织公推候选人名册见附表17-1。

附表17-1 基层党组织公推候选人名册

基层党组织名称（盖章）：　　　　　　　　　　　　　　　　　填报时间：

序号	姓名	性别	民族	籍贯	学历	出生时间	工作时间	入党时间	现任行政职务	现任党内职务	拟任党内职务	手机号码

【此表一式三份与候选人请示同时上报】

附录十八　关于对 ××× 等同志党风廉政审查的意见
　　　　　（用于候选人的审查，示例）

×××（上级党组织）：

　　按照《关于 ×××× 党支部换届改选的批复》（××〔2023〕× 号）的要求，××× 支部提名 ×××、×××……× 名同志为 ×××× 支部委员候选人，其中 ××× 为书记候选人、××× 同志为副书记候选人；提名 ×××、×××……× 名同志为 ×××× 纪委委员候选人，其中 ××× 为书记候选人。根据《中国共产党章程》《中国共产党纪律处分条例》等规定，我们对上述 × 名同志党风廉政等方面的情况进行了审查。近三年，上述同志未受党纪政务处分，未被立案审查，未发现存在党风廉政方面的问题。

中共 ×××× 党委
×××× 年 ×× 月 ×× 日

附录十九　党内职务任免呈报表

党内职务任免呈报表见附表19-1。

附表19-1　党内职务任免呈报表

姓名	李××	性别	男	民族	汉	相片
籍贯	广东吴川	出生地	广东广州	学历	研究生	
出生时间	1971年12月12日			参加工作时间	1994.07	
入党时间	1993.11	办公电话	××××××××	手机	××××××××××	
现任职务（含行政职务）	×××党组书记、长					
拟任党内职务	×××支部委员会委员、书记					
拟免党内职务						
工作简历	（请不要改变此表格式！）					
政治表现						
家庭成员以及主要社会关系	称谓	姓名	出生年月	政治面貌	现工作单位及职务	
	妻子	王××	1972.06	中共党员	广州××集团公司人事部经理	
	儿子	李××	1997.10	共青团员	广州市××区第××中学学生	
	父亲	×××				
	母亲	×××				
	岳父	×××				
	岳母	×××				
	以上人员有无重大历史问题：××××××					

续附表19-1

呈报单位党组织意见	经研究，同意×××同志为×××支部委员会委员、书记。 　　　　　　　　　　　　　　中共×××支部委员会 　　　　　　　　　　　　　　××××年××月××日
主管部门党组织意见	 　　　　　　　　　　　　　　　　　　　　（盖章） 　　　　　　　　　　　　　　　　　年　月　日
×××（上级党组织）意见	 　　　　　　　　　　　　　　　　　　　　（盖章） 　　　　　　　　　　　　　　　　　年　月　日

附录二十　基层党组织候选人公示

根据《党内职务任前公示实施办法》的要求，现将×××支部委员会委员及书记、副书记候选人的情况予以公示。

×××，男，××××年××月出生，汉族，广东吴川人，××××年××月参加工作，××××年××月加入中国共产党，研究生学历，硕士学位，现任×××党组书记、长，拟为中共×××支部委员会委员、书记候选人。

（略……）

从公示之日起5个工作日内，如对被公示人有意见，请通过来信、来电、来访等形式向×××（上级党组织）办公室（党务室）反映。联系人：×××、×××，联系电话：×××××××，传真：×××××××，联系地址：××××路××。

中共××××党委

20××年××月××日

附录二十一　关于中共×××支部委员会候选人的批复

××复〔20××〕××号

关于中共×××支部委员会候选人的批复

×××党支部：

你们报来《关于×××支部委员会候选人的请示》(××请〔20××〕××号)收悉，经研究，同意×××、×××、×××……×名同志为×××党支部委员候选人，其中×××同志为书记候选人、×××同志为副书记候选人。

此复

×××（上级党组织）
20××年××月××日

×××（上级党组织）办公室　　　　20××年××月××日印发

附录二十二　党支部工作报告撰写提纲

（1）回顾和总结过去的工作。全面总结上次党员大会到这次党员大会之间党支部的工作，包括肯定成绩、找出存在的问题、总结经验教训。

（新成立的党支部阐述成立理由，成立筹备工作领导小组情况，公推和酝酿党支部委员和书记、副书记候选人情况，上级党组织审批等情况）。

（2）提出今后一个时期的总任务和各项具体任务及完成这些任务的措施。

注意事项：起草工作报告，一般应抓好4个环节：①工作报告要有明确的指导思想。②突出强调加强党的建设与思想政治工作。③坚持实事求是的原则，从本单位的实际情况出发，体现本单位的特点。④要坚持群众路线，认真调查研究，充分听取方方面面的意见。

起草工作报告，党支部书记要亲自参与，既要组织召开支委会，统一思想和认识，又要亲自调查研究。报告初稿形成后，要印发给党小组和党员讨论，广泛听取多方面意见，反复进行修改。工作报告经支委会讨论通过后，才能提交党员大会审议。

附录二十三　中共 ××× 党员大会选举办法（草案）

为做好中共 ×××× 党员大会的选举工作，根据《中国共产党章程》、《关于党内政治生活的若干准则》、《中国共产党基层组织选举工作条例》和《党支部公推直选办法》有关规定，特制定本次党员大会的选举办法：

（1）中共 ×××× 党员大会将直接选举产生党支部委员和书记、副书记。选举工作由 ×××× 党支部公推直选领导小组负责（新成立的党支部由筹备工作领导小组负责）。

（2）中共 ×××× 党支部候选人是按照《中国共产党章程》、《中国共产党基层组织选举工作条例》和《党支部公推直选办法》规定的程序，采取个人自荐、党员联名推荐和基层党组织推荐的办法进行公开推荐，并按照任职条件和有关要求进行资格审查、民主测评后，由 ×××× 党支部公推直选领导小组按照大多数党员的意见进行酝酿，经集体研究确定并报 ×××（上级党组织）审批同意，由 ×××× 党支部公推直选工作领导小组提交本次党员大会选举。

（3）本次党员大会选举采用无记名投票方式，直接差额选举 ×××× 党支部委员。党支部委员候选人 ×× 名，选举产生委员 ×× 名，差额比例不少于20%；同时，本次党员大会选举采用无记名投票方式，直接等额选举 ×××× 党支部书记、副书记。党支部书记候选人1名，选举产生书记1名；党支部副书记候选人 × 名，选举产生副书记 × 名。委员候选人必须具备履行职责所必需的思想政治素质和党务工作领导能力，初任年龄应至少能够任满一届。书记一般应由本单位本部门党员行政负责人兼任，副书记应由本单位本部门副职党员干部兼任。

（4）正式选举前，有条件的单位可安排候选人进行竞职演讲，并回答党员的提问（有条件的单位可安排）。选举时，有选举权的实到会党员人数超过应到会有选举权党员人数的五分之四，选举收回的选票等于或少于发出的选票，选举方才有效，否则选举无效，应重新进行选举。选举书记、副书记的，必须先投票同意书记、副书记候选人为委员。

（5）候选人获得赞成票数超过实到会有选举权党员人数的一半，始得当选。当选人多于应选名额时，以得票多者当选。如遇票数相等不能确定当选人时，应就票数相等的候选人重新投票，得票多的当选。当选人少于应选名额时，对不足的名额，按差额20%的比例，在没有当选的被选举人中以得票多少为序取足候选人，再次进行选举。

（6）选举时，选举人对候选人可投赞成票或不赞成票，也可以弃权。投不赞成票和弃权的，可以另选他人。选举人因特殊情况无法填写选票的，可由本人委托非候选人按选举人的意志代写，并且由选举人本人亲自将选票投入票箱。因故未出席会议的党员不能委托他人代为投票。

（7）中共××××支部委员会委员、书记、副书记的正式选举，选票上候选人名单按姓氏笔画为序排列。填写选票时，对所列候选人投赞成票的，在该候选人姓名上方的空格内画"〇"号；投不赞成票的，在该候选人姓名上方的空格内画"×"号；对候选人弃权的，在该候选人姓名上方空格内不画任何符号；另选他人的，在另选人姓名栏内填写另选人的姓名，并在另选人姓名上方的空格内画"〇"号。每张选票所选人数等于或少于应选名额为有效，多于应选名额为无效；选票中可以辨认部分为有效，无法辨认部分为无效。

（8）投票时总监票人、监票人、计票人首先投票，其他选举人按工作人员引导依次投票。投票结束后，监票人和计票人对发出票数及收回票数进行核对，并进行计票，做好记录，由总监票人签字并当场公布候选人的得票数字，由会议主持人宣布委员、书记和副书记当选名单。公布候选人得票数字时以得票数高低为序排列，宣布委员和书记、副书记当选名单时，以姓氏笔画为序排列。

（9）本次大会选举设总监票人×名，监票人×名，计票人×名。总监票人、监票人和计票人由××××党支部公推直选工作领导小组（没有成立公推直选工作领导小组的由党支部）根据大多数党员的意见提名，在本次大会上表决通过。

（10）党内选举应尊重和保障党员的民主权利，充分发扬民主，体现选举人的意志。任何组织和个人不得以任何方式强迫选举人选举或不选举某个人。选举中，凡有违反《中国共产党章程》和《中国共产党基层组织选举工作条例》规定行为的，将严肃查处。

（11）本选举办法经大会讨论通过后生效。

中共××××支部委员会
20××年××月××日

附录二十四　中共×××党员大会议程
（20××年××月××日）

（1）清点人数，奏《国歌》。

（2）本届党支部作工作报告（新成立的党支部做筹备工作报告）。

（3）宣读上级党组织有关批复。

（4）介绍候选人简况。

（5）宣读选举办法（草案）。

（6）宣读总监票人、监票人、计票人建议人选名单。

（7）讨论工作报告、选举办法（草案）和总监票人、监票人、计票人建议人选名单。

（8）表决通过工作报告、选举办法（草案）和总监票人、监票人、计票人建议人选名单。

（9）候选人竞职演讲或答辩（有条件的单位可根据实际情况安排）。

（10）投票选举党支部委员。①清点人数。②分发选票。③查看票箱。④填写选票。⑤投票。⑥计票。

（11）宣布选举党支部委员计票结果。

（12）宣布党支部委员当选名单。

（13）投票选举党支部书记、副书记。①清点人数。②分发选票。③查看票箱。④填写选票。⑤投票。⑥计票。

（14）宣布选举党支部书记、副书记计票结果。

（15）宣布党支部书记、副书记当选名单。

（16）新当选党支部书记发言。

（17）上级领导讲话（根据实际情况安排）。

（18）奏《国际歌》。

（注：①各单位可根据实际，将投票选举委员的议程与投票选举党支部书记、副书记的议程同时进行。②党员人员较少的党支部，可不奏《国歌》《国际歌》。）

附录二十五　中共×××党员大会主持词

（大会主持人在宣布大会正式开幕前，由工作人员迅速准确地清点到会的正式党员人数，填写清点人数报告单交主持人。）

同志们：

从××月××日开始，党支部按照《党支部公推直选办法》规定的程序，对党支部委员、书记、副书记候选人进行了公开推荐，通过个人自荐、党员联名推荐和党组织推荐三种方式，初步推荐党支部委员候选人×名，党支部书记候选人×名、副书记候选人×名。经资格审查、民主测评和集体研究，报×××（上级党组织）同意后，确定了党支部委员、书记、副书记的正式候选人，现提交本次党员大会进行正式选举。

今天大会应到会有选举权的党员××名，实到会有选举权的党员××名，超过应到会有选举权党员人数的五分之四，可以开会。

中共××××党员大会现在开始。

首先进行大会第一项议程，请全体起立，奏《国歌》。

（播放《国歌》。）

请坐下。

下面进行大会第二项议程，请×××同志代表党支部作工作报告（新成立的党支部做筹备工作报告）。

现在进行大会第三项议程，请×××同志宣读×××（上级党组织）《关于×××支部委员会换届改选的批复》和《关于中共××××支部委员会候选人的批复》。

现在进行大会第四项议程，介绍候选人简况。

现在进行大会第五项议程，请×××同志宣读《中共××××党员大会选举办法（草案）》。

现在进行大会第六项议程，请×××同志宣读总监票人、监票人、计票人建议人选名单。

现在进行大会第七项议程，请大家在原地讨论工作报告、选举办法（草案）和总监票人、监票人、计票人人选名单，时间××分钟，讨论结束后，如果有不同意见请向我报告。

（××分钟后。）

现在继续开会。刚才大家讨论了工作报告、选举办法（草案）和总监票人、监票人、计票人人选名单，有没有同志对讨论事项表达不同意见，有的请举手。

没有。

下面进行第八项议程，表决通过工作报告、选举办法（草案）和总监票人、监票人和计票人人选名单。

首先表决通过工作报告。同意的请举手，请放下；不同意的请举手，没有（或当场宣布多少人，请放下）；弃权的请举手，没有（或当场宣布多少人，请放下）；一致通过。

下面表决通过大会选举办法（草案）。同意的请举手，请放下；不同意的请举手，没有（或当场宣布多少人，请放下）；弃权的请举手，没有（或当场宣布多少人，请放下）；一致通过。

表决通过总监票人、监票人和计票人人选名单。同意的请举手，请放下。不同意的请举手，没有（或当场宣布多少人，请放下）；弃权的请举手，没有；一致通过。

现在进行大会第九项议程（有条件的单位可根据实际情况安排此项工作），请候选人上台进行竞职演讲和答辩，欢迎各位党员踊跃提问。首先请×××同志上台演讲。

同志们：大家刚才听了各位候选人精彩的演讲，对其进行提问。演讲很精彩，反映了候选人的基本素质和能力。大家对候选人有了更深的认识，请大家珍惜党员权利，选举时投上自己神圣、公正的1票。

现在进行大会第十项议程，投票选举党支部委员。

请监票人和计票人清点到会党员人数。（工作人员迅速清点与会党员人数，填写清点人数报告单并由总监票人、监票人和计票人签字后送大会主持人）。

同志们：本次大会应到会有选举权的党员××名，实到会有选举权的党员××名，超过应到会有选举权党员人数的五分之四，可以进行选举。

现在，请监票人和计票人领取和分发选票。注意！请大家领到选票后，先不要填写，听我详细说明选票的填写方法，大家听明白以后再填写。

…………

选票已发放完毕，每人有1张选票，请问有没有未领到选票的？有的请举手，没有。有没有多领选票的？没有。

下面，我介绍党支部委员选票的填写方法和注意事项。

（宣读选票填写说明。）

现在请工作人员检查票箱，请将票箱打开给大家看一看。

没有问题，请把票箱封好。

下面请大家按照自己的意愿填写选票。

（约10分钟。）

请大家检查一下，是否按照要求填写好了选票，如有错误，请改正过来。

下面开始投票。

投票的顺序是：

（1）请总监票人、监票人和计票人先投票。

（2）请主席台就座的有投票权的领导投票。

（3）请其他同志按照工作人员的指引依次投票。

请问有没有未投票的？没有。投票完毕，请监票人和计票人开启票箱清点选票。

（清点完毕后，总监票人将填写好的《分发选票情况报告单》交主持人）

同志们，下面我宣读《分发选票情况报告单》。

…………

下面开始计票，请大家在原地（或分散）休息××分钟。

同志们，现在进行大会第十一项议程，请总监票人宣布党支部委员候选人得票情况。

（总监票人按照得票数从高到低排序宣读《中共××××支部委员会委员选举计票结果报告单》。）

下面进行大会第十二项议程，由我宣读《中共××××支部委员会委员当选名单》。

让我们以热烈的掌声向当选的同志表示祝贺！

现在进行大会第十三项议程，投票选举党支部书记、副书记。

请监票人和计票人清点到会党员人数。

（工作人员迅速清点与会党员人数，填写清点人数报告单并由总监票人、监票人和计票人签字后送大会主持人。）

同志们：本次大会应到会有选举权的党员××名，实到会有选举权的党员××名，超过应到会有选举权党员人数的五分之四，可以进行选举。

现在，请监票人和计票人领取和分发选票。注意！请大家领到选票后，先不要填写，听我详细说明选票的填写方法，大家听明白以后再填写。

…………

选票已发放完毕，每人有1张选票，请问有没有未领到选票的？有的请举手，没有。有没有多领选票的？没有。

下面，我介绍党支部书记、副书记选票的填写方法和注意事项。

（宣读选票填写说明。）

现在请工作人员检查票箱，请将票箱打开给大家看一看。

没有问题，请把票箱封好。

下面请大家按照自己的意愿填写选票。

（约10分钟。）

请大家检查一下，是否按照要求填写好了选票，如有错误，请改正过来。

下面开始投票。

投票的顺序是：

（1）请总监票人、监票人和计票人先投票。

（2）请主席台就座的有投票权的领导投票。

（3）请其他同志按照工作人员的指引依次投票。

请问有没有未投票的？没有。投票完毕，请监票人和计票人开启票箱清点选票。

（清点完毕后，总监票人将填写好的《分发选票情况报告单》交主持人。）

同志们，下面我宣读《分发选票情况报告单》，下面开始计票，请大家在原地（或分散）休息××分钟。

同志们，现在进行大会第十四项议程，请总监票人宣布党支部书记、副书记候选人得票情况。

（总监票人按照得票数从高到低排序宣读《中共×××支部委员会书记、副书记选举计票结果报告单》。）

下面进行大会第十五项议程，由我宣读《中共×××支部委员会书记、副书记当选名单》。

让我们以热烈的掌声向当选的同志表示祝贺！

现在进行第十六项议程，请新一届党支部书记×××同志发言，大家欢迎！

下面进行第十七项议程，请×××同志讲话（根据实际情况确定）。

下面进行大会第十八项议程，全体起立，奏《国际歌》。

（奏《国际歌》。）

请坐下。

同志们，经过大家的共同努力，中共×××党员大会已圆满地完成了任务，现在宣布，大会结束，散会。

附录二十六　中共×××党员大会文件资料清单

中共×××党员大会文件资料清单如下。

（1）召开党员大会通知。

（2）大会议程。

（3）大会主持词。

（4）党支部工作报告（新成立的党支部准备筹备工作报告）。

（5）选举办法（草案）。

（6）候选人简介。

（7）总监票人、监票人、计票人建议人选名单。

（8）清点人数报告单（开会前、选举前）。

（9）党支部委员选票，书记、副书记选票。

（10）分发党支部委员选票情况报告单，分发党支部书记、副书记选票情况报告单。

（11）党支部委员选举计票统计表（存档），党支部书记、副书记选举计票统计表（存档）。

（12）选举党支部委员计票结果报告单，选举党支部书记、副书记计票结果报告单。

（13）党支部委员当选名单，党支部书记、副书记当选名单。

（14）当选书记发言稿。

（15）上级领导讲话稿。

（16）大会应急预案及第二次选举的全套文件资料。

附录二十七　党员大会会场布置指导

党员大会会场布置的总原则：庄严隆重，朴素大方。具体要求：

（1）会场主席台上方悬挂红底白字的大会横幅，横幅字体为长宋体。

横幅标题：中共×××党员大会。

（2）在主席台后墙正中悬挂中国共产党党旗（有条件的可悬挂党徽，两侧各插五面红旗）。如果会场较大，还可在其他墙面上悬挂相关标语口号。

（3）主席台设置领导名牌或摆放相关文件资料夹，台下准备红色投票箱（带锁）。

（4）会议座次排列，一般遵循"左为上，中为上，前为上"的原则。

参考市委会议和公务活动领导座位安排原则，单排排列方法：

当领导人数为奇数时，1号首长居中，2号首长排在1号的左边，3号首长排在右边，其他按一左一右依次排列。

```
        ┌─────────────────────┐
        │   会场方向（听众席）  │
        └─────────────────────┘

     ┌───┬───┬───┬───┬───┬───┬───┐
     │ 6 │ 4 │ 2 │ 1 │ 3 │ 5 │ 7 │
     └───┴───┴───┴───┴───┴───┴───┘
```

当领导人数为偶数时，1号、2号首长同时居中，1号首长排在居中座位的右边，2号首长排左边，其他按一右一左依次排列。

```
        ┌─────────────────────┐
        │   会场方向（听众席）  │
        └─────────────────────┘

       ┌───┬───┬───┬───┬───┬───┐
       │ 6 │ 4 │ 2 │ 1 │ 3 │ 5 │
       └───┴───┴───┴───┴───┴───┘
```

附录二十八　中共×××党员大会清点人数报告单
（开会前使用）

中共×××党员大会应到会有选举权党员××名，实到会有选举权党员××名，超过应到会有选举权党员人数的五分之四，可以开会。

20××年××月××日

附录二十九　中共×××党员大会总监票人、监票人、计票人建议人选名单

总监票人：×××

监 票 人：×××、×××、×××

计 票 人：×××、×××、×××

20××年××月××日

附录三十　中共×××党员大会清点人数报告单
（投票选举委员前使用）

　　中共××××党员大会应到会有选举权党员××名，实到会有选举权党员××名，实到会有选举权党员超过应到会有选举权党员人数的五分之四，可以进行选举。

　　总监票人：
　　监票人：　　　　　　　　　计票人：

20××年××月××日

附录三十一　中共 ××× 党员大会分发选票情况报告单
　　　　　　（投票选举委员时使用）

中共 ××× 党员大会实到会有选举权党员 ×× 名，发出党支部委员选票 ×× 张，收回选票 ×× 张，两者一致（或少于投票人数）。根据大会选举办法的规定，本次选举有效。

总监票人：
监票人　　　　　　　　　　　计票人：

$\qquad\qquad\qquad\qquad\qquad\qquad\qquad$ 20×× 年 ×× 月 ×× 日

附录三十二 中共×××支部委员会委员选票
（以姓氏笔画为序）

符　号							
候选人姓名							
符　号							
另选人姓名							

填写选票说明：

（1）中共×××支部委员会委员候选人共×名，应选委员×名，差额×名。所选人数等于或少于×名为有效票，超过×名为无效票。

（2）对选票上的候选人，可以投赞成票，可以投不赞成票，可以投弃权票，也可以另选他人。如赞成，在候选人姓名上方空格内画一个"○"；如果不赞成，在其姓名上方空格内画一个"×"；如弃权，不画任何符号；如另选他人，在另选人姓名空格内填写另选人姓名，并在其姓名上方空格内画"○"。整张选票不画任何符号的，作为弃权票处理。

（3）填写选票一律用钢笔。符号要准确，位置要端正。画其他符号或书写模糊不清部分为无效。

附录三十三　中共×××支部委员会委员选举计票统计表（存档）

大会发出选票××张，收回选票××张，其中无效票××张，有效票××张。

候选人计票情况			
候选人姓名	赞成票数	不赞成票数	弃权票数
另选人计票情况			
另选人姓名	赞成票数		

总监票人：
监票人：　　　　　　　　　计票人：

20××年××月××日

附录三十四　中共×××支部委员会委员选举计票结果报告单
（按票数高低排序）

本次大会实到会有选举权党员××名，发出选票××张，收回选票××张，其中无效票××张，有效票××张。

候选人姓名	得赞成票数

另选人得赞成票数如下：

另选人姓名	得赞成票数

总监票人：
监票人：　　　　　　　　　　　　　计票人：

20××年××月××日

附录三十五　中共×××支部委员会委员当选名单

各位党员：
　　根据总监票人的报告，按照大会选举办法的有关规定，当选为中共×××支部委员会委员的同志是（按姓氏笔画排序）：

　　　　　　　　　　　　　　　　　　　　　　　　20××年××月××日

附录三十六　中共 ××× 党员大会清点人数报告单
（投票选举书记、副书记前使用）

　　中共 ×××× 党员大会应到会有选举权党员 ×× 名，实到会有选举权党员 ×× 名，实到会有选举权党员超过应到会有选举权党员人数的五分之四，可以进行选举。

总监票人：

监票人：　　　　　　　　　　　　计票人：

20×× 年 ×× 月 ×× 日

附录三十七　中共×××党员大会分发选票情况报告单
（投票选举书记、副书记时使用）

中共×××党员大会实到会有选举权党员××名，发出党支部书记、副书记选票××张，收回选票××张，两者一致（或少于投票人数）。根据大会选举办法的规定，本次选举有效。

总监票人：
监票人：　　　　　　　　　　　计票人：

　　　　　　　　　　　　　　　　20××年××月××日

附录三十八　中共×××支部委员会书记、副书记选票
（以姓氏笔画为序）

符　号		符　号	
书记候选人姓名		副书记候选人姓名	
符　号		符　号	
书记另选人姓名		副书记另选人姓名	

填写选票说明：

（1）中共×××支部委员会书记候选人共1名，应选1名；副书记候选人1名，应选1名。所选人数分别等于或少于1名为有效票，超过1名为无效票。

（2）对选票上的候选人，可以投赞成票，可以投不赞成票，可以投弃权票，也可以另选他人。如赞成，在候选人姓名上方空格内画一个"○"；如果不赞成，在其姓名上方空格内画一个"×"；如弃权，不画任何符号；如另选他人，另选人必须为新当选的委员，投票时需在另选人姓名空格内填写另选人姓名，并在其姓名上方空格内画"○"。整张选票不画任何符号的，作为弃权票处理。

（3）填写选票一律用钢笔。符号要准确，位置要端正。画其他符号或书写模糊不清部分为无效。

附录三十九　中共×××支部委员会书记、副书记选举计票统计表（存档）

大会发出选票____张，收回选票____张，其中无效票____张，有效票____张。

候选人计票情况			
书记候选人姓名	赞成票数	不赞成票数	弃权票数
副书记候选人姓名	赞成票数	另选人姓名	赞成票数
另选人计票情况			
书记另选人姓名	赞成票数		
副书记另选人姓名	赞成票数		

总监票人：
监票人：　　　　　　　　　计票人：

20××年××月××日

附录四十 中共×××支部委员会书记、副书记选举计票结果报告单
（按票数高低排序）

本次大会实到会有选举权党员____名，发出选票____张，收回选票____张，其中无效票____张，有效票____张。

书记候选人姓名	得赞成票数
副书记候选人姓名	得赞成票数

另选人得赞成票数如下：

书记另选人姓名	得赞成票数
副书记另选人姓名	得赞成票数

总监票人：
监票人：   计票人：

20××年××月××日

附录四十一 中共×××支部委员会书记、副书记当选名单

各位党员：

  根据总监票人的报告，按照大会选举办法的有关规定，当选为中共×××支部委员会书记、副书记的同志是：

书记：

副书记：

20××年××月××日

附录四十二　关于中共×××支部委员会选举结果的报告

××请〔20××〕××号　　签发人：×××

关于中共×××支部
委员会选举结果的报告

×××（上级党组织）：

　　按照《中国共产党章程》《中国共产党基层组织选举工作条例》和《党支部公推直选办法》的规定，我支部于20××年××月××日召开党员大会，采取无记名投票方式，直接差额选举产生了新一届党支部委员，直接等额选举产生了党支部书记、副书记。现将选举情况与结果报告如下：

　　党员大会应到会有选举权党员××人，实到会有选举权党员××人，实到会有选举权党员超过应到会有选举权党员的80%。

　　一、在党支部委员选举中，×××（××票）、×××（××票）……××位同志得票数超过党员大会实到会有选举权人数的一半，当选为党支部委员；×××（××票），×××（××票）因得票数未达到法定票数（或得票数超过半数，但得票排后），没有当选。

　　二、在党支部书记、副书记选举中，×××同志（××票）当选为党支部书记、×××同志（××票）当选为党支部副书记。

　　当否，请审批。

中共×××支部委员会
20××年××月××日
（联系人：×××，联系电话：×××××××）

中共×××支部委员会　　20××年××月××日印发

附录四十三　关于中共×××支部选举结果的批复

××复〔20××〕××号

关于中共×××支部选举结果的批复

中共×××支部：

　　报来《关于中共×××支部委员会选举结果的报告》（×× 请〔20××〕××号收悉。经审核，你党支部于20××年××月××日召开党员大会进行选举的结果有效。同意×××、×××、×××……××位同志为××××党支部委员，×××同志为××××党支部书记、×××同志为副书记。

　　此复。

×××（上级党组织）

20××年××月××日

×××（上级党组织）办公室　　　　20××年××月××日印发

附录四十四 关于中共×××支部委员会更名的请示

××请〔20××〕××号　　签发人：×××

关于中共×××支部委员会
更名的请示

×××（上级党组织）：

中共×××支部委员会于××年××月××日经×××（上级党组织）××〔20××〕××号文批准成立。20××年××月××日，市编办《关于×××中心机构改革实施方案》（××〔20××〕××号）明确，×××于正式更名为×××中心。

为保证单位行政名称与党组织名称一致，经研究，现申请将×××支部委员会更名为中共×××中心支部委员会。

当否，请批示。

附件：《关于印发〈关于×××中心机构改革的实施方案〉》

中共×××支部委员会
20××年××月××日
（联系人：×××，联系电话：×××××××）

中共×××支部委员会　　20××年××月××日印发

附录四十五　关于中共×××支部委员会更名的批复

×× 复〔20××〕×× 号

关于中共×××支部委员会
更名的批复

中共×××支部：

你们报来《关于中共×××支部委员会更名的请示》(×× 请〔20××〕×× 号)收悉。经研究，同意中共×××支部委员会更名为中共×××中心支部委员会。

此复。

×××（上级党组织）
20×× 年 ×× 月 ×× 日

×××（上级党组织）办公室　　　20×× 年 ×× 月 ×× 日印发

附录四十六　关于调整中共×××支部委员会隶属关系的请示

××请〔20××〕××号　　签发人：×××

关于调整中共×××支部委员会
隶属关系的请示

×××（上级党组织）：

　　根据市编委《关于印发〈×××中心行政管理体制改革实施方案〉的通知》（××机编〔20××〕××号）精神，原隶属我单位管理的×××部门现已调整为×××管理。为理顺改革后×××部门的党组织管理关系，经研究，拟将中共×××中心支部委员会移交中共×××管理。

　　妥否，请批示。

　　附件：《×××中心行政管理体制改革实施方案》

中共×××委员会
20××年××月××日
（联系人：×××，联系电话：×××××××）

中共×××委员会办公室　　20××年××月××日印发

附录四十七　关于调整中共×××支部委员会隶属关系的批复

××复〔20××〕××号

**关于调整中共×××支部
委员会隶属关系的批复**

×××党委：

你们报来《关于调整中共××支部委员会隶属关系的请示》（××请〔20××〕××号）收悉。经研究，同意将中共××中心支部委员会调整为中共×××管理。请及时与中共×××委员会联系，共同做好中共××支部委员会组织关系整建制接转工作。

×××（上级党组织）
20××年××月××日

抄送：中共×××委员会

×××（上级党组织）办公室　　　　20××年××月××日印发

附录四十八　关于撤销中共×××支部委员会的请示

××〔20××〕××号　　签发人：×××

关于撤销中共×××支部委员会的请示

×××（上级党组织）：

经×××〔20××〕××号文批准，中共×××支部委员会于××××年××月××日正式成立。按照××编办《关于印发〈××机构改革方案〉的通知》（××〔20××〕××号）要求，××已于20××年××月××日撤销。为理顺撤销后党组织隶属关系，经研究，现申请撤销中共××支部委员会，将党员组织关系转入××管理。

当否，请批示。

附件：1. ××《关于印发〈××机构改革方案〉的通知》
　　　2. 中共×××支部党员花名册
　　　3. ××《关于协助划转党员组织关系的函》

中共×××支部委员会
20××年××月××日
（联系人：×××，联系电话：××××××××）

中共×××支部委员会　　20××年××月××日印发

附录四十九　关于撤销中共×××支部委员会的批复

×× 〔20××〕××号

关于撤销中共×××支部委员会的批复

中共×××支部委员会：

你们报来《关于撤销中共××支部委员会的请示》（×××〔20××〕××号）收悉。经研究，同意撤销关于撤销中共×××支部委员会的请示。请及时与中共×××支部联系，共同做好党员组织关系转接工作。

此复。

中共×××委员会
20××年××月××日

抄送：××××（支部）

中共×××委员会　　20××年××月××日印发

附录五十　中共×××支部委员会分工及党支部委员工作职责

经研究，现将×××党支部支委分工及工作职责明确如下：

一、党支部委员分工

党支部书记：×××
党支部组织委员：×××
党支部宣传委员：×××

二、工作职责

（一）党支部书记职责

（1）负责召集党支部委员会会议和党支部党员大会，结合本单位的具体情况，认真传达贯彻执行党的路线、方针、政策和上级的决议、指示；研究安排党支部的工作，将党支部重大问题及时提交支委会和党员大会讨论决定。

（2）按照党内生活各项制度，围绕"服务中心，建设队伍"的要求和上级党组织的部署，结合本单位中心工作和党支部党员实际，制订支部党建年度工作总体计划（方案）、党支部季度工作计划，并组织实施。检查党支部工作计划、决议的执行情况，解决在执行中出现的问题，按时向党支部委员会、党员大会和上级党组织报告工作。

（3）坚持和完善谈心谈话制度，党支部书记与班子成员之间、班子成员与党员之间每年至少谈心谈话2次，了解掌握党员的思想、工作、学习和生活情况，发现问题及时解决，做好经常性的思想政治工作。

（4）按照有关规定抓好基层党组织换届选举工作和届中缺额的增补工作。

（5）严格落实组织生活制度，严格落实"三会一课"、组织生活会、民主评议党员等组织生活制度。每年至少为党员讲1次党课。年底向党支部党员大会述职。

（6）尊重党员主体地位，保障党员民主权利，推进党务公开。落实党内关怀帮扶机制，每年"七一"、春节适时开展走访慰问活动。

（7）加强对党员教育管理，督促党员参加各类教育培训。做好发展党员工作，抓好入党积极分子的培训教育，严格按要求发展党员。交纳党费，及时上缴，并及时将党费收缴情况在适当场所进行公示。严格党员组织关系接转，严格执行流动党员管理制度，配合党委做好党内统计工作。

（8）组织党员经常性查找解决问题，每季度组织党员开展1次批评与自我批评。坚持抓早抓小，防微杜渐，对党员干部中存在的苗头性问题及时谈话提醒；加强对纪律执行情况的检查，督促党员遵纪守法。

（9）经常与党支部委员和同级行政领导人保持密切联系，交流情况，研究工作，协调本级群团组织工作关系，充分调动各方面的积极性。

（10）抓好党支部委员会自身的学习，按时主持召开党支部委员会民主生活会，开展批评与自我批评，加强党支部委员会自身建设，充分发挥支部委员会的集体领导作用。

（11）发挥党支部的战斗堡垒作用，围绕中心工作，团结、组织、带领党员群众扎实开展创先争优活动。

（12）完成上级党组织赋予的其他任务。

（二）党支部组织委员职责

（1）了解和掌握党支部的组织设置情况，检查和督促党组织落实组织生活制度。根据工作需要，提出党小组的划分和调整意见。

（2）了解和掌握党员的思想状况，收集和整理党员的先进事迹，向党支部提出表扬、奖励党员的建议。

（3）负责入党积极分子、预备党员的培养、教育和考察工作，提出发展党员的意见。具体办理接收新党员和预备党员转正的手续。

（4）做好党员组织关系接转。收缴党费及定期向党员公布党费收缴使用情况，做好党员和党组织的统计工作，建立健全有关党务工作台账。

（5）不设纪检委员的党支部，有关纪律检查方面的工作一般由组织委员负责。

（6）党支部明确的其他组织工作任务。

（三）党支部宣传委员职责

（1）按要求组织学习马克思列宁主义、毛泽东思想、邓小平理论、"三个代表"重要思想、科学发展观和习近平新时代中国特色社会主义思想，学习党章党规、党的基本知识、政治理论和时事政策。

（2）根据上级党组织的要求，结合党员的思想状况，提出宣传教育工作的计划和意见，并组织实施。

（3）围绕中心工作和党支部工作实际，开展形式多样的宣传教育和文明创建活动。做好党员先进典型事迹的收集整理和宣传工作。

（4）了解掌握党员和群众的思想状况，开展经常性的思想教育和宣传工作。开展健康向上的群众性文体活动。

（5）组织开展党建理论研究和工作研究。

（6）做好党报党刊的征订工作，充分利用互联网、微博微信、黑板报等宣传工具，办好支部的宣传阵地。

（7）党支部明确的其他宣传工作任务。

附录五十一 任命党支部书记、副书记工作流程

1. 提出人选名单

召开党支部委员会，结合本届党支部任期、班子设置和书记、副书记缺额等情况，研究作出任命书记、副书记的决定，并根据本单位实际，酝酿提出书记、副书记拟任人选名单。

2. 广泛征求意见

党支部可采取个别谈话、集体座谈、发放征求意见表等形式，广泛征求党员和群众对拟任人选的意见。

3. 确定拟任人选

党支部委员会根据征求意见情况，研究确定书记、副书记拟任人选（不设党支部委员会的党支部，直接召开党员大会，根据本单位实际，讨论确定书记、副书记拟任人选），并逐级向上级党委上报关于书记、副书记任职的请示和相关材料。

请示内容包括本届党支部选举产生的时间、班子设置情况，以及目前书记、副书记缺额情况、缺额原因；任命书记、副书记理由及拟任人选名单等。相关材料包括书记、副书记行政任职的相关文件、《基层党组织拟任人选名册》、《党内职务任免呈报表》、《对拟任人选廉政审查的意见》等。

4. 上级党委审批

上级党委对党支部上报的书记、副书记拟任人选进行任前公示、组织考察、党委会集体研究后，下发关于书记、副书记任职的批复。

5. 开展任前谈话

上级党委指派专人对新任命的党支部书记进行任前谈话（可与组织考察程序同时进行），提出希望和要求，明确工作责任。

附录五十二　关于中共×××支部委员会书记任免的请示

××请〔20××〕××号　　　签发人：×××

关于中共×××支部委员会
书记任免的请示

×××（上级党组织）：

×××支部委员会于××年××月××日进行换届改选，党支部委员会设委员5名，其中书记1名、副书记1名。目前，党支部书记×××同志于××年××月到达法定退休年龄并办理了退休手续，本人向党支部提出辞去党支部书记、委员职务的申请（根据具体情况说明）。

为确保党支部班子健全和党建工作正常开展，经党支部委员会研究，拟提名党组书记×××同志任党支部书记、委员，同时免去×××同志党支部书记、委员职务。

当否，请批示。

附件：1.《×××同志党内职务辞请书（拟免书记）》
　　　2.《关于×××同志任职的通知（拟任书记）》
　　　3.《基层党组织拟任人选名册》
　　　4.《关于对××同志党风廉政审查的意见》
　　　5.《党内职务任免呈报表》

中共×××支部委员会
20××年××月××日
（联系人：×××，联系电话：×××××××）

中共×××支部委员会　　　20××年××月××日印发

附录五十三 基层党组织拟任人选名册

基层党组织拟任人选名册见附表53-1

附表53-1 基层党组织拟任人选名册

党组织名称（盖章）：　　　　　　　　　　　　　　　　　　　　填报时间：

序号	姓名	性别	民族	籍贯	学历	出生时间	工作时间	入党时间	现任行政职务	现任党内职务	拟任党内职务	手机号码

附录五十四 基层党组织拟任人选民主测评表

基层党组织拟任人选民主测评表见附表54-1。

附表54-1 基层党组织拟任人选民主测评表

被考察单位：×××党支部委员会　　填表人类别：□处级以上干部　□科级干部　□其他人员

姓名	拟任党内职务	德				能				勤				绩				廉				任用意见	
		优秀	良好	一般	较差	优秀	良好	一般	较差	优秀	良好	一般	较差	优秀	良好	一般	较差	优秀	良好	一般	较差	同意	不同意
×××	×××党支部委员会委员、书记																						

需要重点说明的情况：

注：①德、能、勤、绩、廉的主要内容——德，指被考察人的政治信念、政治方向、政治立场、道德品质方面的情况；能是指被考察人的领导水平、工作能力、文化知识水平和理论素养方面的情况；勤，指被考察人的开拓进取精神、工作态度、工作风等方面的情况；绩，被考察人的履行岗位职责情况和工作实绩；廉，被考察人的廉洁自律情况。②请在您认为合适的空格正中打"√"。③填写说明情况不够位置的，可转写背面或另附纸。

×××（上级党组织）

20××年××月××日

附录五十五 基层党组织拟任人选民主测评汇总表

基层党组织拟任人选民主测评汇总表见附表55-1。

附表55-1 基层党组织拟任人选民主测评汇总表

基层党考察单位：×××党支部委员会

参加测评人数：　　　　测评日期：

姓名	拟任党内职务	测评内容																			任用意见		
		德				能				勤				绩				廉				同意	不同意	弃权
		优秀	较好	一般	较差	优秀	较好	一般	较差	优秀	较好	一般	较差	优秀	较好	一般	较差	优秀	较好	一般	较差			
×××	×××党支部委员会委员、书记																							

考察单位：×××（上级党组织）　　　　考察组成员签名：

附录五十六　关于对×××同志党风廉政审查的意见
（用于拟任人选的审查，示例）

×××（上级党组织）：

　　××××党支部于20××年××月××日进行换届改选，设委员5名，其中书记1名、副书记1名。目前，党支部书记×××同志因岗位调整，于20××年××月日调离本单位。为确保我支部党建工作正常开展，×××党支部拟提名×××同志任×××党支部书记、委员。按照《中国共产党章程》《中国共产党纪律处分条例》等规定，我们对×××同志党风廉政等方面情况进行了审查。近三年，×××同志未受党纪政务处分，未被立案审查，未发现存在党风廉政方面的问题。

中共×××支部
20××年××月××日

附录五十七　关于中共×××支部委员会书记任免的批复

×××复〔20××〕××号

关于中共×××支部委员会
书记任免的批复

×××党支部：

　　你们报来《关于×××支部委员会书记任免的请示》（××请〔20××〕××号）收悉。经研究，同意×××同志任×××党支部书记、委员，同时免去×××同志×××党支部书记、委员职务。

　　此复。

×××（上级党组织）

20××年××月××日

×××（上级党组织）办公室　　　　20××年××月××日印发

附录五十八 入党志愿书使用情况登记表

入党志愿书使用情况登记表见附表 58-1。

附表 58-1 入党志愿书使用情况登记表

(年度)

填报党组织：　　　　　　　　　　　　　　　　　　　联系电话：

序号	党组织名称	领取数量	编号使用范围	已使用情况					未使用情况			
				数量	入党志愿书编号	使用人	所在党支部	数量	未发放数量	未发放编号	遗失（作废）数量	作废编号

填表日期：　　　年　　月　　日

填表人：

说明：

（1）此表由党支部填写并逐级上报，各地区各部门（系统）汇总报省委组织部组织一处存档备查。

（2）遗失（作废）数量是指发生失窃、遗失、损坏、错填等情形，以及已对号发放给发展对象填写但当年度党支部尚未召开党员大会通过接收预备党员决议，或支部大会通过接收决议但报上级党组织审批不通过，导致当年度未正常使用的入党志愿书数量。

（3）未发放编号是指未发放的入党志愿书编号；作废编号是指上述情形遗失（作废）的入党志愿书编号。

附录五十九 发展党员工作流程图

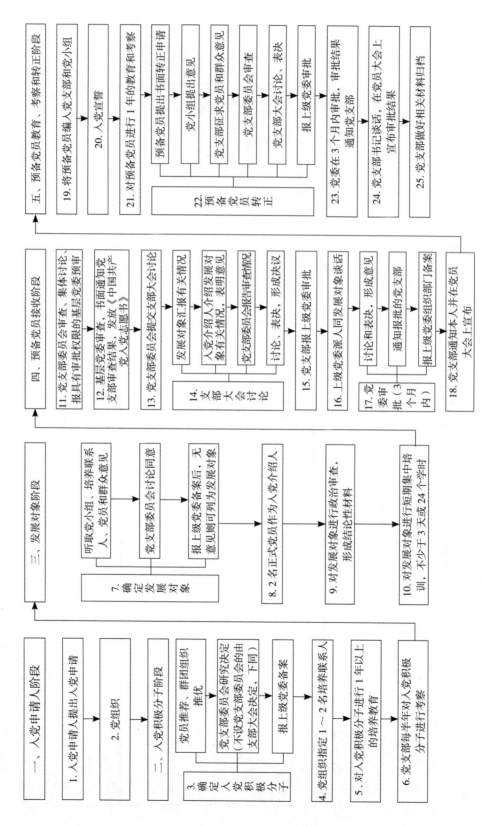

附图59-1 发展党员工作流程

附录六十　基层党委审批发展党员工作指南

一、入党积极分子备案

（一）所需材料
（1）入党申请书（附录六十一）。
（2）同入党积极分子谈话记录。
（3）党员推荐、群团组织推优材料。
（4）入党积极分子备案表（一式三份，附录六十四）。

（二）办理程序
（1）所属党支部、党总支提交入党积极分子备案材料。
（2）党办审核入党积极分子备案材料。
（3）在入党积极分子备案表上加具备案意见并备案。
（4）向党支部发放入党积极分子培养考察登记表（附录六十五）。

（三）办结时限
办结时限为3个工作日。

二、发展对象备案

（一）所需材料
（1）《发展党员计划核定通知书》。
（2）入党积极分子思想汇报（每季度至少1篇）。
（3）拟定为发展对象的公示情况。
（4）入党积极分子培养考察登记表。
（5）发展对象备案表（一式三份，附录六十八）。
（6）入党积极分子备案时所需的材料。

（二）办理程序
（1）所属党支部、党总支提交发展对象人选备案材料。
（2）党办对发展对象人选培养教育考察情况和备案等材料进行审查，研究并提出备案意见。
（3）副书记、书记对发展对象人选进行审批。
（4）党办将备案意见填入入党积极分子培养考察登记表并备案。

（三）办结时限
办结时限为5个工作日。

三、发展对象预审

（一）所需材料

（1）发展对象培训成绩。

（2）发展对象政治审查结论性材料。

（3）发展对象预审请示。

（4）发展对象备案时所需的材料。

（二）办理程序

（1）所属党支部、党总支提交发展对象预审材料。

（2）党办对发展对象预审材料进行初审（必要时还需听取执纪执法等相关部门意见）。

（3）召开党委会，对发展对象的条件、培养教育考察等情况和上报的有关材料进行审查，研究并形成预审意见。

（4）党办向党支部下发关于发展对象预审的批复，向预审合格发展对象发放入党志愿书。

（三）办结时限

办结时限为10个工作日。

四、预备党员审批

（一）所需材料

（1）入党志愿书。

（2）党支部大会表决通过预备党员的决议。

（3）拟定为预备党员的公示情况。

（4）发展对象预审时所需的材料。

（二）办理程序

（1）所属党支部、党总支提交发展对象有关材料。

（2）党委指派专人同发展对象谈话，将谈话情况和意见填入入党志愿书。

（3）党办对发展对象有关材料进行初审。

（4）召开党委会，对发展对象是否具备党员条件、入党手续是否完备和支部上报的有关材料进行讨论和表决，并形成审批意见。

（5）党委书记将党委审批意见填入入党志愿书，并署名、加盖党委印章。

（6）党办向支部下发《预备党员通知书》，将预备党员审批情况报上级党组织备案。

（三）办结时限

办结时限为20个工作日。

五、预备党员转正审批

（一）所需材料

（1）预备党员转正申请书。

（2）思想汇报（每季度至少1篇）。

（3）预备党员考察登记表。

（4）预备党员转正公示情况。

（5）入党志愿书。

（6）预备党员审批时所报的材料。

（7）延长预备期或取消预备党员资格的需报书面请示。

（二）办理程序

（1）所属党支部、党总支提交预备党员转正材料。

（2）党办对预备党员转正有关材料进行初审。

（3）召开党委会，对预备党员是否具备正式党员条件、入党手续是否完备和支部上报的有关材料进行讨论和表决，并形成审批意见。

（4）党委书记将审批意见填入入党志愿书，并署名、加盖党委印章。

（5）党办向支部下发《预备党员转正通知书》，将预备党员转正审批情况报上级党组织备案。

（三）办结时限

办结时限为20个工作日。

附录六十一　入党申请书的写法（示例）

要求入党的人必须自愿向党组织正式提出书面申请，这是加入党组织的必要手续。入党申请书一般按以下格式和内容书写：

1. **标题**

在第一行居中写入党申请书。

2. **称呼**

称呼，即入党申请人对党组织的称呼，一般在第二行顶格写"敬爱的党组织"或"××党支部"，并加冒号。

3. **正文**

这是入党申请书的主要部分，一般写以下内容：

（1）为什么要入党（主要写自己对党的认识、政治信念和入党动机，以及在这些方面思想变化的过程）。

（2）本人的基本情况（主要写自己成长的经历、政治历史问题、受过何种奖励和处分，以及思想、工作、学习和作风等方面的情况）。

（3）家庭主要成员和主要社会关系情况（主要写其职业、政治情况、与本人的关系等。此项内容也可附于申请书后）。

（4）怎样积极争取入党（主要写怎样正确对待入党问题，以及怎样以实际行动积极争取入党和接受党组织的考验）。

4. **结尾**

正文写完后，一般另起一行，用"请党组织在实践中考验我"或"请党组织看我的实际行动"等作为结束语。结尾也可用"此致""敬礼"等词语。

5. **署名和日期**

在结尾的右下方要写上申请人的姓名，并注明申请的日期（按公历时间写清年、月、日）。

附录六十二　同入党申请人的谈话记录及写法（示例）

一、谈话记录

　　受党支部委派，××××年××月××日，我与入党申请人×××同志进行谈话。谈话中，详细了解了该同志的个人情况、对党的认识、入党动机、今后努力方向等。该同志能实事求是地介绍自己情况，态度诚恳。有关情况记录如下：

　　×××，男，×族，共青团员，××文化，××省××县××乡（镇）××村（街）人，××××年××月××日出生，××××年××月参加工作，现任××单位××职务。××××年××月××日提出入党申请。

　　谈到对党的认识时，该同志认为，××××××××××。在谈到入党动机时，×××××××××××。

　　通过谈话，我认为该同志对党的认识基本正确，具有一定的政治思想觉悟，对自己今后努力的方向也比较明确，符合申请入党的基本条件。

谈话人：×××

××××年××月××日

二、谈话记录的写法

　　党组织收到入党申请书后，应当在 1 个月内派人同入党申请人谈话，及时了解基本情况。谈话记录一般包括以下内容：

　　（1）写明与入党申请人谈话的时间、方式。

　　（2）和入党申请人怎么谈话，谈了些什么。这些内容要简写。

　　（3）写明通过谈话了解到的有关情况，以及对入党申请人的总体看法。要了解入党申请人的年龄、国籍等基本情况、成长经历、家庭情况和对党的认识、入党动机、今后努力方向及其他需要向党组织说明的问题等。

　　（4）谈话人签名，并按公历时间写清年、月、日。

附录六十三 入党申请人发展情况登记表

入党申请人发展情况登记表见附表63-1。

附表63-1 入党申请人发展情况登记表

党支部名称：　　　　　　　　　　书记：　　　　　　　　　　联系电话：

姓　名		性　别		出生年月	
民　族		籍　贯		出生地	相片
学　历		学　位		工作年月	
何时参加何种党派或政治团体				联系电话	
户籍地址				现居住地址	

一、入党申请人阶段

	党组织派人谈话	
递交入党申请	谈话人姓名	谈话人单位及职务
日期	日期	
1	2	

二、入党积极分子阶段

3	4	5	6	7

续附表 63-1

推荐产生人选日期		党支部委员会研究决定日期	党委备案日期	指定培养联系人		填写入党积极分子培养考察登记表日期
党员推荐	群团组织推优			联系人姓名	联系人姓名	

集中培训		对入党积极分子进行一年以上的培养教育和考察
日期	成绩	每季度递交思想汇报日期
9		党支部每半年考察日期
		8

三、确定发展对象阶段

申报和下达发展党员计划日期	征求意见日期			党支部委员会讨论确定发展对象
党支部申报	上级党组织下达	培养联系人	党小组	党员和群众	讨论结果
		10			11

党支部委员会讨论	公示		党委备案	确定入党介绍人	
日期	起止日期	有无问题	意见	日期	介绍人姓名
12			13		14

续附表63-1

15 政治审查				16 集中培训		
谈话了解	查阅档案	函调	外调	形成材料	培训时间	
					培训单位	
日期					培训成绩	
负责人						

四、预备党员接收阶段

17 预审		18 填写入党志愿书		19 党支部党员大会讨论表决		20 公示	
党总支审议日期	党支部委员会审查日期	填写日期	支委会审查日期	日期	表决结果	起止日期	有无问题

21 党总支审议	22 党委审批		
审议意见	审批日期	审批结果	报上级党（工）委备案日期

五、预备党员教育考察和转正阶段

23 党支部宣布审批结果	24 编入党小组	25 入党宣誓
接收材料日期		
谈话日期		
审批日期		
审批结果		

续附表63-1

同本人谈话日期	党员大会宣布日期		日期	党小组名称	日期	组织入党宣誓单位
	26					30
	一年预备期教育考察	党支部每季度考察日期	提交转正申请日期	入党介绍人提出转正意见日期	党小组提出转正意见日期	党支部征求党员和群众意见日期
		每季度递交思想汇报日期	27	28	29	
	31		32 公示			34
	党支部委员会审查		起止日期	党支部党员大会讨论表决		党总支审议
	结果		有无问题	日期	表决结果	日期
				33		意见
	35			36		37
	党委审批		党支部宣布审批结果			入党材料归档
	审批结果	报上级党（工）委备案日期	同本人谈话日期	党支部宣布审批结果日期	党员大会宣布日期	移交人签名	接收人签名	交接日期
接收材料日期	审批日期					

备注：入党申请人调离单位时，调出单位要及时将此表和相关材料移交调入单位；调入单位接收此表和相关材料时，要认真清点、审查并办理交接手续。

附录六十四　入党积极分子备案表

入党积极分子备案表见附表64-1。

附表64-1　入党积极分子备案表

积极分子基本情况	姓名		性别		出生年月	
	籍贯		出生地		民族	
	学历		学位		参加工作时间	
	何时参加何种党派或政治团体					
	户籍所在地址					
	现居住地址					
	身份证号码					
	单位及职务或职称					
	递交入党申请书时间				联系电话	
本人经历（包括学历）						
谈话情况						
	谈话人签名：				年　月　日	

续附表64-1

党员推荐、群团组织推优情况	
	党支部名称（盖章）：　　　　　　　　　　书记签名： 　　　　　　　　　　　　　　　　　　　　年　　月　　日
党支部委员会研究确定入党积极分子意见	
	党支部名称（盖章）：　　　　　　　　　　书记签名： 　　　　　　　　　　　　　　　　　　　　年　　月　　日
党总支审议意见	
	党支部名称（盖章）：　　　　　　　　　　书记签名： 　　　　　　　　　　　　　　　　　　　　年　　月　　日
党委审查备案意见	
	党支部名称（盖章）： 　　　　　　　　　　　　　　　　　　　　　　　　年　　月　　日

备注：此表一式三份，党支部、党总支、党委各存一份。

附录六十五　入党积极分子培养考察登记表

入党积极分子培养考察登记表见附表65-1。

附表 65-1　入党积极分子培养考察登记表

<table>
<tr><td>

入党积极分子培养考察登记表

　　　　支部名称：_____

　　　　姓　　名：_____

　　　　填表日期：_____

×××（上级党组织）
20××年××月印制

</td></tr>
<tr><td>

说　　明

　　一、申请人被确定为入党积极分子后，由支部组织委员或书记填写此表，并在封面加盖党支部印章（没有党支部印章的，可加盖单位印章，需注明"代章"）。

　　二、填写此表须使用钢笔、签字笔或毛笔，并使用黑色或蓝黑色墨水。字迹要清晰、工整。表内的年、月、日一律用公历和阿拉伯数字。个别栏目填写不下时，可加附页。

　　三、此表填写后由党支部妥善保管。入党积极分子调动单位时，党支部应及时将此表和其他入党材料移交新单位，以便继续对其进行培养教育和考察。

　　四、积极分子入党后，党支部应及时将此表与《入党志愿书》等入党材料存入本人人事档案。没有人事档案的，党支部要建立党员档案，并交所在党委保存。

</td></tr>
</table>

续附表65-1

积极分子基本情况	姓名		性别		出生年月	
	籍贯		出生地		民族	
	学历		学位		参加工作时间	
	何时参加何种党派或政治团体					
	户籍所在地址					
	现居住地址					
	身份证号码					
	单位及职务或职称					
	递交入党申请书时间				联系电话	

本人经历（包括学历）	（从中学填起，包括在何时、何地、何单位、任何职）

家庭主要成员基本情况	关系	姓名	出生年月	政治面貌	单位、职务或职业

续附表65-1

审查备案情况	党支部研究确定入党积极分子时间			年 月 日		
	党委审查备案时间			年 月 日		
培养联系人	姓名	单位及职务（含党内职务）			党龄	
培训情况	培训时间	年 月 日至 年 月 日				
	培训单位					
	培训成绩					
递交思想汇报情况（每季度至少一次）	递交时间	年 月 日		递交时间	年 月 日	
	递交时间	年 月 日		递交时间	年 月 日	
	递交时间	年 月 日		递交时间	年 月 日	
	递交时间	年 月 日		递交时间	年 月 日	
	递交时间	年 月 日		递交时间	年 月 日	
	递交时间	年 月 日		递交时间	年 月 日	
	递交时间	年 月 日		递交时间	年 月 日	
培养考察期间单位变化情况（单位无变化的不需填写此栏）	调出单位党支部介绍入党积极分子培养考察及转出入党材料情况					
	党支部名称（盖章）： 书记签名： 年 月 日					
	调入单位党支部审查入党积极分子培养考察及接收入党材料情况					
	党支部名称（盖章）： 书记签名：					

续附表65-1

	重新指定培养联系人情况		
	姓名	单位及职务(含党内职务)	党龄
培养考察意见（党支部每半年考察并填写一次）			
	党支部名称（盖章）： 书记签名： 年 月 日		
	党支部名称（盖章）： 书记签名： 年 月 日		
	党支部名称（盖章）： 书记签名： 年 月 日		
	党支部名称（盖章）： 书记签名： 年 月 日		

续附表65-1

培养考察意见（党支部每半年考察并填写一次）	党支部名称（盖章）：	书记签名：	年　月　日
	党支部名称（盖章）：	书记签名：	年　月　日

确定发展对象情况	党支部研究申报年度发展党员计划时间		年　月　日
	上级党组织下达年度发展党员计划时间		年　月　日
	征求培养联系人、党小组和党员群众意见情况		
	党支部名称（盖章）：	书记签名：	年　月　日
	支部委员会研究列为发展对象意见		
	党支部名称（盖章）：	书记签名：	年　月　日

续附表65—1

确定发展对象情况	发展对象公示情况	公示时间		年　月　日
		公示结果		
	党总支审议意见			
	党支部名称（盖章）：　　　　　　　书记签名： 　　　　　　　　　　　　　　　　　　　　　　年　月　日			
	党委审查备案意见			
	党支部名称（盖章）：　　　　　　　书记签名： 　　　　　　　　　　　　　　　　　　　　　　年　月　日			
发展对象预审情况	党支部委员会审查时间			年　月　日
	党委会预审时间			年　月　日
备注				

附录六十六　思想汇报的写法（示例）

思想汇报一般包括以下内容：

（1）标题。即"思想汇报"。

（2）称呼。一般写"敬爱的党组织"或"××党支部"。

（3）正文。主要写汇报的内容，一般包括：①对党的路线、方针、政策或对党在一个时期的中心任务的认识，包括不理解的问题。②完成某项重要任务后的收获和提高。③参加某项重要活动，或学习了某篇重要文章，或观看了某部影视片后，所受到的教育体会。④在平时的工作、学习和生活中，遇到的困难和矛盾，产生的想法。⑤对本单位发生的重大问题、社会上的热点问题、国内外重大事件的认识和态度。⑥其他需要向党组织汇报的问题。

（4）落款。汇报人签名，并按公历时间写清年、月、日。

写思想汇报应注意的问题如下：

（1）一定要实事求是，真实地反映自己的思想。如有思想变化，应写出思想变化的过程。切忌东抄西摘，空话、套话连篇。

（2）不能只写成绩、收获、进步和提高，也要如实反映自己的缺点和不足，以及对某些问题的模糊认识与疑惑，以便得到党组织的教育和帮助。

（3）要突出重点，避免写成流水账。

（4）一定要及时，汇报的要是自己最新的思想工作情况。

（5）最后可写上自己对党组织的请求和希望，也可进一步表达自己的入党的愿望和决心。

附录六十七　关于确定×××同志为发展对象的公示

经党支部委员会研究，拟将×××同志列为发展对象。根据发展党员工作有关要求，现将其有关情况公示如下：

×××，男，××××年××月出生，×族，××（省）××（市、县）人，××学历，××××年××月参加工作，现任××××单位××职务。

该同志于××××年××月××日向党支部递交入党申请，××××年××月××日被确定为入党积极分子。经党支部培养教育和考察，该同志已基本具备党员条件，在听取党小组、培养联系人、党员和群众意见的基础上，经支部委员会××××年××月××日研究，同意×××同志列为发展对象，拟于近期报上级党委审查备案。

公示时间为××××年××月××日至××月××日（公示时间为5个工作日）。公示期间，党员和群众可来电、来信、来访，反映其在理想信念、政治立场、思想作风、工作表现、群众观念、廉洁自律等方面的情况和问题。反映问题应实事求是、客观公正。以个人名义反映问题的，要签署本人真实姓名和联系方式。党支部将对反映人和反映问题严格保密，对反映问题进行调查核实，弄清事实真相，并以适当方式向反映人反馈。

联系电话：××××××　　传真电话：××××××
来信地址：××××××　　邮政编码：××××××

中共×××支部委员会（盖章）
××××年××月××日

附录六十八 发展对象备案表

发展对象备案表见附表68-1。

附表68-1 发展对象备案表

党支部名称（盖章）：　　　　　　　　　　上报时间：　　年　月　日

积极分子基本情况	姓名		性别		出生年月	
	籍贯		出生地		民族	
	学历		学位		参加工作时间	
	何时参加何种党派或政治团体					
	户籍所在地址					
	现居住地址					
	身份证号码					
	单位及职务或职称					
	递交入党申请书时间				联系电话	
本人经历（包括学历）						
发展对象现实表现	（填写发展对象的政治立场、思想觉悟、工作表现、组织纪律观念、群众观念等方面情况及存在的问题）					

党支部名称（盖章）：　　　　　　　　书记签名：

　　　　　　　　　　　　　　　　　　　　　　年　月　日

续附表68-1

确定发展对象情况	党支部研究确定入党积极分子时间		年	月	日
	党委审查同意入党积极分子备案时间		年	月	日
	党支部申报年度发展党员计划时间		年	月	日
	上级党组织下达年度发展党员计划时间		年	月	日
	党支部征求培养联系人意见时间		年	月	日
	党支部征求党小组意见时间		年	月	日
	党支部征求党员和群众意见时间		年	月	日
	支委会研究列为发展对象时间		年	月	日
	党支部公示发展对象时间		年	月	日
	党总支审议同意发展对备案象时间		年	月	日
	党委审查同意发展对象备案时间		年	月	日

备注：1. 此表与入党积极分子培养考察登记表等材料一并上报上级党委审查备案；
2. 此表一式三份，党支部、党总支、党委各存一份。

附录六十九 政治审查报告的写法(示例)

政治审查报告的基本格式和内容如下:

1. 标题

标题,即"关于×××同志政治审查的情况报告"。

2. 内容

(1)本人的基本情况及简历。

(2)政治审查中提出的问题。主要写明是什么问题,是本人的问题还是亲属的问题,问题发生的时间、地点和主要情节。同时,要写明是本人提供的还是被组织查出的或是别人检举的,组织上曾否作过结论或进行过处理。

(3)调查的方式和结果。主要写明采取了哪些调查手段,调查了哪些单位和个人,查阅了哪些资料。经调查已经清楚的问题,以及悬而未定(暂时无法查证)的问题或疑点。

(4)调查的结论。通过对查证结果的综合分析,认定查证问题的事实、性质、程度及本人对问题的认识态度,并提出是否影响其入党的意见。

(5)须征求计生、公安等部门的意见。

3. 落款

应写明报告的党组织名称或审查人员的姓名,并按公历时间写清年、月、日。

附录七十　关于×××同志政治审查情况的报告（示例）

×××，男，×族，××文化，××省××县××乡（镇）××村（街）人，××××年××月××日出生，××××年××月参加工作，现任××单位××职务。××××年××月加入共青团。

一、个人简历

××××年×月至××××年×月，在××小学学习。
××××年×月至××××年×月，在××中学学习。
××××年×月至××××年×月，在××大学学习。
××××年××月至××××年××月，在××单位工作，任××职务。
××××年××月至今，在××单位工作，任××职务。

二、直系亲属情况

父亲：×××，×族，××××年××月出生，现任××单位××职务，中共党员。
母亲：×××，×族，××××年××月出生，现任××单位××职务，群众。
配偶：×××，×族，××××年××月出生，现任××单位××职务，群众。
子女：×××，×族，××××年××月出生，现在××学校读书，少先队员。
其他：××××××××××××××。

三、主要社会关系情况

岳父：×××，×族，××××年××月出生，现任××单位××职务，中共党员。
岳母：×××，×族，××××年××月出生，现任××单位××职务，群众。
其他：××××××××××××××。

四、政治历史和现实表现情况

经审查，×××同志拥护党的路线、方针、政策，认真学习……
政治审查中，×××同志的直系亲属及主要社会关系拥护党的领导，自觉遵守党纪国法，……政治历史清楚。
该同志于××××年××月××日向党支部递交入党申请书，××××年××月被确定为入党积极分子，××××年××月被列为发展对象。培养教育期间，××××××××。
该同志在××单位工作期间，×××××××。不足之处：工作中有时比较急躁。

五、党支部委员会意见

经过政治审查,没有发现×××同志在政治上存在问题,也没有发现×××同志直系亲属和现有社会关系存在影响其加入党组织的问题,政审合格。

中共×××委员会(盖章)

××××年××月××日

附录七十一　关于对 ××× 同志进行预审的请示

×××党委：

　　根据发展党员工作有关规定，经党支部委员会审查合格，拟于近期召开党支部大会讨论接收 ×× 同志为中共预备党员。

　　×××，男，×族，××文化，××省××县××乡（镇）××村（街）人，××××年××月××日出生，××××年××月参加工作，现任××单位××职务，××××年××月××日被列为发展对象。经政治审查，××× 同志自觉拥护党的路线、方针、政策，认真学习 ××××××××××××××××。××× 同志的直系亲属及主要社会关系拥护党的领导，自觉遵守党纪国法，……政治历史清白。××××年××月××日至××××年××月××日，该同志参加了 ×××× 举办的发展对象短期集中培训班，考核成绩 ××。

　　现将 ××× 同志有关情况和入党材料报你们，请审查。

中共 ××× 中心党支部委员会
××××年××月××日

附录七十二　关于对×××同志预审的批复

×××中心党支部：

　　《关于对×××同志进行预审的请示》收悉。经审查，该同志基本具备党员条件，预审合格，同意提交党支部大会讨论接收其为中共预备党员，并及时将党支部大会讨论结果上报。同时，发放《中国共产党入党志愿书》（编号为：××××），请指导其认真填写。

中共×××委员会

××××年××月××日

附录七十三　中国共产党入党志愿书（示例）

中国共产党入党志愿书（示例）见附表73-1。

附表73-1　中国共产党入党志愿书（示例）

中国共产党
入　党　志　愿　书

申请人姓名<u>张三</u>

用蓝、黑色钢笔、签字笔或毛笔，不要用圆珠笔。

（2018年1月10日修改，参考党建读物出版社《发展党员工作手册》（新编本）第92页，第147条：正确填写《中国共产党入党志愿书》）

续附表73-1

一、基本信息栏（第1页）

姓名	张三 （与身份证一致）	性别	男/女	正面免冠照片 （2寸）
民族	汉族/×族 （填写全称）	出生年月	××××年××月××日 （与身份证一致）	
籍贯	××省××市/县 （本人的祖居地，即祖父的长期居住地）	出生地	××省××市/县 （自己的出生地，一般是填表人出生后最初登记户口的地方）	
学历	本科毕业 （本人已取得的最高学历，分毕业、结业、肄业）	学位或职称	法学学士 （本人已取得的最高学位）	
单位、职务或职业	×××镇政府办公室 科员			
现居住地	广州市东区××路××小区××栋××号			
居民身份证号码	××××××（十八位）			
有何专长	钢琴/篮球（如实填写，"专长"不是"爱好"，没有填"无"）			

二、"入党志愿"栏（第1—3页）

> 入党志愿
> 我志愿加入中国共产党！……（开头）
> ……对党的认识……（重点）

……（政治信念、入党动机和心愿，联系自身实际，写出思想认识发展变化过程和真实的思想情感）……（对能否被批准入党表明态度和今后努力的方向）。

……（结尾。必须本人手写，不要署名，日期）。

要求：

（1）填写入党志愿时，发展对象经过党组织较长时间的系统教育和精心培养，并经历了一定的实践锻炼，思想认识等各方面都有了较大的提高。不能照抄有关资料，不能简单地照抄入党申请书。

（2）不需要像入党申请书那样要有标题、抬头、落款和日期。

（3）填写入党志愿前要先打草稿，经支部负责人或入党介绍人认真审看确认无误后再誊抄，要保持字迹工整、页面清洁。

续附表73-1

三、"本人经历"栏（第4页）

自何年何月	至何年何月	在何地、何部门、任何职	证明人
1992年9月	1998年7月	河北省××市 ××小学 学生	×××
1998年9月	2001年7月	河北省××市 ××中学 学生	×××
……	……	……	……
2003年9月	2007年7月	广东××大学××学院××系××班 学生	×××
2007年8月	至今	×××镇政府办公室 科员	×××

要求：

（1）"自何年何月至何年何月"一栏，应从小学入学时开始直到现在为止，分阶段填写，每一阶段在时间上应该衔接起来，中间不要有空档。

（2）"在何地、何部门、任何职"一栏的填写要按照给定的顺序填写，上学阶段的职务一律为"学生"。

（3）每一阶段都要如实填写出证明人，可以是当时的班主任、校长或其他相关人员（熟悉本人情况或一同学习、工作过的人）。证明人要写清真实姓名，不得写张总、王经理等称谓。

四、志愿书（第5页）各栏

何时何地加入中国共产主义青年团	2002年5月在广东省×××中学加入中国共产主义青年团。 要求：按给定的顺序如实填写，"何地"要填写到工作单位、学校或乡镇街道；如无此经历，填"无"。
何时何地参加过何种民主党派或工商联，任何职务	要求：按给定的顺序如实填写，"何地"要填写到工作单位、学校或乡镇街道；如无此经历，填"无"。
何时何地参加过何种反动组织或封建迷信组织，任何职务，有何活动，以及有何其他政治历史问题，结论如何	要求：按给定的顺序如实填写，"何地"要填写到工作单位、学校或乡镇街道；如无此经历，填"无"。

续附表73-1

何时何地何原因受过何种奖励	2004年,在××大学,经校团委批准获"优秀大学生团干部"。 要求:受过奖励如实填写,需写明受奖励的时间、经何单位批准、获奖名称、享受待遇等。如无此经历,填"无"。奖励较多的,选重要的写。
何时何地何原因受过何种处分	要求:填写受到党纪、政务、团纪处分或刑事处罚的情况,按给定的顺序如实填写。经组织复查被平反纠正的不需填写。如无此经历,填"无"。

五、"家庭主要成员的情况"与"主要社会关系情况"栏(第6页)

<table>
<tr><td rowspan="12">家庭主要成员情况</td><td rowspan="4">配偶</td><td>姓名</td><td colspan="2">(不要写自己名字,未婚填"无")</td><td>民族</td><td colspan="2">汉族/×族(填写全称)</td><td>出生年月</td><td>××年×月</td></tr>
<tr><td>籍贯</td><td colspan="4"></td><td>学历</td><td colspan="2"></td></tr>
<tr><td>参加工作时间</td><td colspan="4"></td><td>政治面貌</td><td colspan="2"></td></tr>
<tr><td>单位、职务或职业</td><td colspan="7"></td></tr>
<tr><td rowspan="8">其他成员</td><td>关系</td><td>姓名</td><td colspan="2">出生年月</td><td colspan="2">政治面貌</td><td colspan="2">单位、职务或职业</td></tr>
<tr><td>父亲</td><td>××</td><td colspan="2">×年×月</td><td colspan="2">中共党员</td><td colspan="2">×××银行××支行会计</td></tr>
<tr><td>母亲</td><td>××</td><td colspan="2">×年×月</td><td colspan="2">群众</td><td colspan="2">×××镇××村农民</td></tr>
<tr><td colspan="8">要求:"家庭主要成员情况"主要填写本人的配偶、父母(或抚养者)、子女等直系亲属,以及和本人长期在一起生活的人,如兄弟姐妹等。如无配偶,可将此栏空置。"关系"一栏应写"父亲""母亲"等正规称谓,(父母去世的,也应写,在单位栏注明去世)。</td></tr>
<tr><td rowspan="4">主要社会关系情况</td><td>岳父</td><td>××</td><td colspan="2">×年×月</td><td colspan="2">群众</td><td colspan="2">江西省××县××中学教师</td></tr>
<tr><td>岳母</td><td>××</td><td colspan="2">×年×月</td><td colspan="2">群众</td><td colspan="2">江西省××县××公司职工</td></tr>
<tr><td colspan="8"></td></tr>
<tr><td colspan="8">要求:"主要社会关系情况"一栏,主要填写同本人联系密切或影响较深的旁系亲属、朋友等。"关系"一栏应写"岳父(岳母)""公公(婆婆)""舅舅""叔叔"等正规称谓,如无,可将此栏空置。</td></tr>
</table>

续附表73-1

六、"需要向组织说明的问题"栏（第7页）

需要向党组织说明的问题	要求：指在以上五个方面中无法全面反映或不好填写的重要情况，可在此栏中作出说明。如无这方面的问题，填"无"。

要求：本人亲笔签名并填写日期。这里的日期应该是上级党委预审合格后，发放《入党志愿书》之后的实际填表日期，不是初次申请入党的日期。

本人签名或盖章＿＿＿＿＿＿＿　　　　　　　　　　　　　年　　月　　日

七、入党介绍人的意见：（第8页）

入党介绍人意见	要求： 将被介绍人的思想觉悟、政治品质、现实表现概括地写出来，指出被介绍人的不足及今后努力方向；并表明入党介绍人对吸收其入党的态度。 介绍人在填写这个栏目时，必须实事求是，认真负责，能够体现出申请人的基本情况，并要有一定的概括性。不要以提希望代替缺点，更不要写赠言。 入党介绍人的"现任职务"一栏，包括其现在担任的党内、党外职务。如职务较多，可填其主要职务。入党介绍人没有担任什么职务的，该栏目填写身份。 介绍人单位、职务或职业＿＿＿＿＿＿＿＿＿＿＿＿＿＿＿＿＿＿ 　签名或盖章＿＿＿＿＿＿＿＿＿＿＿＿＿＿　　　年　　月　　日
	×××同志政治上积极要求进步，工作上认真负责，积极探索，勇于创新，成绩突出，曾荣获"三好学生"等光荣称号。向党组织提出入党申请后，能按党员标准严格要求自己，努力改造世界观，创造条件，争取入党。该同志入党目的明确，动机端正，政治上比较成熟。其主要不足是：性格急躁，沟通协调能力有待提高。希望今后加强个人修养。 我认为×××同志已基本具备党员条件，愿意介绍他加入中国共产党。 要求：根据上述填写要求，对被介绍人各方面的情况，说明自己的意见。不能简单地只填写"同意第一介绍人的意见"。 介绍人单位、职务或职业＿＿＿＿＿＿＿＿＿＿＿＿＿＿＿＿＿＿ 　签名或盖章＿＿＿＿＿＿＿＿　　　　　　　年　　月　　日 必须由入党介绍人亲自填写，意见和签名字迹要一致！

续附表73-1

八、"党支部大会通过接收申请人为预备党员的决议"和"上级党组织指派专人进行谈话情况和对申请人入党的意见"（第9页）

党支部大会通过接收申请人为预备党员的决议
××同志于×年×月×日被列为入党积极分子以来，工作脚踏实地，积极参加支部活动，热情服务群众，认真学习领会党的方针政策，已基本具备了一个党员的条件。 2016年7月1日在×（地点）召开支部大会，本支部共有表决权的党员××名，实到××名，××名请事假。支部大会召开前，有×名党员提出了书面意见（没有则不写）。经无记名投票表决，××人赞成，××人反对，××人弃权，同意接收×××同志为中共预备党员。 〔1982年9月6日至今，党员入党时间为党员大会接收为预备党员之日（须经上级党委批准），党龄从转正之日算起，预备期一般为1年，延长预备期的除外〕 要求：1. 说明发展对象的基本情况和党支部大会对发展对象的基本评价。基本评价包括入党动机是否端正，对党的认识是否明确，以及工作学习、作风纪律等方面的表现情况。 2. 党支部不足3人不得召开支部大会。党支部大会决议要写清各个要素：会议召开时间、应到会和实际到会有表决权的党员人数、表决结果、党支部书记签名等。会前向党支部提出书面意见的，应当统计在票数之内。 3. 写清落款。支部书记一定要签名，尤其是年、月、日，不能出现异议。 党支部名称_____　　　　支部书记签名或盖章_____ 　　　　　　　　　　　　　　　　　　　　年　　月　　日
上级党组织指派专人进行谈话情况和对申请人入党的意见
受组织委派于××××年×月与×××同志进行入党前谈话，该同志积极靠拢党组织，经常向党组织汇报思想，自觉用党员标准严格要求自己。多年来……自担任××后，工作认真负责，能够以身作则，并能密切联系群众，关心职工疾苦，为群众解难，在群众中享有较高威信。主要缺点：开展批评不够大胆。 该同志家庭历史及社会关系清楚，本人历史清白，××同志已基本具备党员条件。我同意接收×××同志为中共预备党员。 希望××同志入党后，能认真履行党员义务，做一名合格的共产党员。 谈话形成文字意见的内容是：①和发展对象怎么谈话，谈了什么。这些内容要简写。②谈话人对发展对象能否入党要提出明确的意见。认为发展对象已符合党员条件，就写已具备党员条件，可以接收为预备党员。认为发展对象还不符合党员条件，就写不具备党员条件，暂不能接收其入党。不能写模棱两可的意见。③对发展对象提出今后努力的方向。如果有明显的缺点与不足，也应指出来。④谈话人要签名盖章，写清自己身份，并写清年、月、日。 谈话人单位、职务或职业_____ 　　签名或盖章_____　　　　　　　　年　　月　　日

续附表73-1

九、总支部审查（审批）意见（第10页）

总支部审查（审批）意见
2016年×月×日在×（地点）召开总支委员会会议，应到总支委员××名，实到××名，经无记名投票表决，××人赞成，××人反对，××人弃权，同意接收××同志为中国共产党预备党员，报上级党委审批。 要求： 1. 党总支不能审批预备党员，但应当对支部大会通过接收的预备党员进行审议。 2. 应注明党总支经何时何次会议研究，提出能否接收其为预备党员的意见。写明党总支表决情况。   总支部名称　　　　　　　　　总支部书记签名或盖章_____ 　　　　　　　　　　　　　　　　　　　年　　月　　日
基层党委审批意见（这里的基层党委是有审批权的党委）
2016年7月20日，党委会审议讨论了××同志的入党问题。党委委员共×名，实到会×名。×名党委委员一致认为，××同志已具备党员条件，入党手续完备，同意批准其为中共预备党员，预备期一年。（自2016年7月1日起至2017年7月1日止。） 要求： 1. 党委对党支部上报接收预备党员的决议，应当在3个月内审批，并报上级党委组织部门备案，特殊情况不得超过6个月。超过6个月的，由原报批党支部重新办理入党手续。 2. 党委审批意见要写清楚会议时间、是否同意接收发展对象为预备党员、被批准的预备党员的起止时间。（从支部大会表决通过接收预备党员的会议召开之日起1年的时间。）   基层党委盖章　　　　　　　　党委书记签名或盖章_____ 　　　　　　　　　　　　　　　　　　　年　　月　　日

续附表73-1

十、党支部大会通过预备党员能否转为正式党员的决议和总支部审查（审批）意见（第11—12页）

党支部大会通过预备党员能否转为正式党员的决议
党支部大会于××××年×月×日讨论了×××同志的转正申请。经党支部大会讨论，认为××同志在预备期间，能按照党员标准严格要求自己，重视政治理论学习，注意改进作风，努力学习，勤奋工作，勇于创新，成绩显著，发挥了一个共产党员应有的作用。经支部大会认真讨论，大家认为××同志已具备了党员条件。 　　本党支部共有党员××名，实到会××名，其中，正式党员×名。经无记名投票表决，××人赞成，××人反对，××人弃权，同意××同志按期转正为中共正式党员。 　　其他情况：同意延长××同志预备期半年（至少半年，最长1年），自×年×月×日起至×年×月×日止。表决结果，赞成取消××同志预备党员资格。 　　要求：1. 填写预备党员在预备期间的思想、学习、工作等方面的表现情况，指出其存在的缺点和今后努力的方向；2. 记载党支部大会表决的情况。要写明党支部大会应到和实到会有表决权的党员人数，表决时同意、不同意和弃权的党员数，以及表决结果（赞成人数必须超过应到有表决权的正式党员的半数，决议才有效）。3. 表决结果必须写明是同意按期转为正式党员，还是延长预备期或取消预备党员资格。4. 延长预备期的应写清延长时间。党支部书记要签名、盖章并填写时间。 　　党支部名称_____　　　　　　党支部书记签名或盖章_____ 　　　　　　　　　　　　　　　　　　　　　　　年　　月　　日
总支部审查（审批）意见
经××××年××月××日总支委员会集体审查，认为××同志能认真履行党员义务，符合预备党员转正条件。总支委员××名，实到会××名，会议同意××同志按期转为中共正式党员，报上级党委审批。 　　要求：1. 填写时应注明党总支何时何次会议研究，写明批准或未批准的理由。2. 写明党总支表决情况。 　　总支部名称_____　　　　　　总支部书记签名或盖章_____ 　　　　　　　　　　　　　　　　　　　　　　　年　　月　　日
基层党委审批意见
2017年7月10日，党委会审议讨论了××同志的转正问题。党委委员共×名，实到会×名。×名党委委员一致认为，××同志已具备正式党员条件，同意批准其按期转为中共正式党员，党龄自2017年7月1日算起。 　　要求：党委应及时召开党委会审批预备党员转正事项，原则上不超过3个月。 　　基层党委盖章_____　　　　　　党委书记签名或盖章_____ 　　　　　　　　　　　　　　　　　　　　　　　年　　月　　日

续附表73-1

党支部大会通过延长预备期的党员能否转为正式党员的决议
党支部大会于×年×月×日讨论了××同志的转正问题。大会认为××同志在延长预备期期间，……，能够按照党员标准严格要求自己。经支部大会讨论，同意××同志转正为中共正式党员。 　　大会有表决权的党员×名，实到会×名。经无记名投票表决，××人赞成，××人反对，××人弃权，同意××同志转正为中共正式党员。 　　党支部名称_____　　　　　　党支部书记签名或盖章_____ 　　　　　　　　　　　　　　　　　　　　　年　月　日
总支部审查（审批）意见
××××年××月××日在×（地点）召开总支委员会会议，应到总支委员××名，实到××名，经无记名投票表决，××人赞成，××人反对，××人弃权，同意××同志转正为中共正式党员。报请上级党委审批。 　　总支部名称_____　　　　　　总支部书记签名或盖章_____ 　　　　　　　　　　　　　　　　　　　　　年　月　日
基层党委审批意见
经×年×月×日党委会议讨论研究，同意××同志转正为中共正式党员，党龄自×年×月×日算起。（党员的党龄，从预备期满转为正式党员之日算起。不要以党支部或党委开会时间来确定。） 　　基层党委盖章　　　　　　　　　　党委书记签名或盖章_____ 　　　　　　　　　　　　　　　　　　　　　年　月　日

十一、"备注栏"（第13页）填写取消预备党员资格等情况

备注
要求：填写在吸收有关党员入党、需要提高审批权限的情况下，县级以上党委的审批意见；填写取消预备党员资格和预备党员因故去世等情况。

附录七十四　关于接收×××同志为中共预备党员的公示

党支部定于近期召开支部大会，讨论接收×××同志为中共预备党员。根据发展党员工作有关要求，现将其有关情况公示如下：

×××，男，××××年××月出生，×族，××（省）××（市、县）人，××学历，××××年××月参加工作，现任××××单位××职务。

该同志于××××年××月××日向党支部递交入党申请，××××年××月××日被确定为入党积极分子，××××年××月××日被列为发展对象，××××年××月××日经上级党委预审合格。经支部委员会研究，拟于近期召开支部大会，讨论接收×××同志为中共预备党员。

公示时间为××××年××月××日至××月××日（公示时间为5个工作日）。公示期间，党员和群众可来电、来信、来访，反映其在理想信念、政治立场、思想作风、工作表现、群众观念、廉洁自律等方面的情况和问题。反映问题应实事求是、客观公正。以个人名义反映问题的，要签署本人真实姓名和联系方式。党支部将对反映人和反映问题严格保密，对反映问题进行调查核实，弄清事实真相，并以适当方式向反映人反馈。

联系电话：××××××　　传真电话：××××××

来信地址：××××××　　邮政编码：××××××

中共×××支部委员会（盖章）

20××年××月××日

附录七十五 党支部大会接收预备党员流程图

党支部大会接收预备党员流程见附图 75-1。

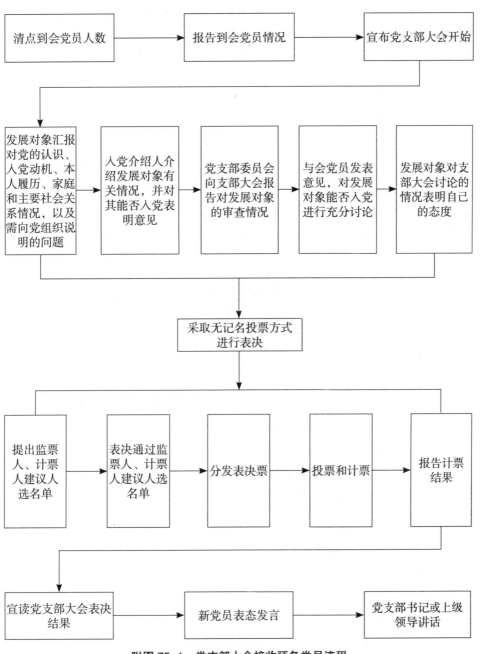

附图 75-1 党支部大会接收预备党员流程

附录七十六　接收预备党员支部大会主持词（示例）

接收预备党员大会主持词及相关报告单见附表76-1—附表76-4。

附表76-1　接收预备党员支部大会主持词

接收预备党员支部大会主持词

（××××年××月××日）

　　（在主持人宣布会议开始之前，由工作人员迅速准确清点到会有表决权党员人数，填写《清点到会人数报告单》并交给主持人。）

同志们：

　　根据本支部发展党员工作计划，并报经上级×××党委预审同意，今天我们召开党支部大会，讨论发展对象×××同志的入党问题。

　　本次大会应到会有表决权的党员×名，实到会有表决权的党员×名，实到会有表决权党员人数超过应到会有表决权党员人数的半数，符合党员大会的规定，可以开会。

　　为开好此次会议，×××党委×××同志到会亲临指导，让我们以热烈的掌声对他的到来表示衷心感谢！

　　今天的会议主要有×项议程：

　　（1）发展对象汇报本人和家庭有关情况，以及需要向党组织说明的问题。

　　（2）入党介绍人介绍发展对象有关情况，并对其能否入党表明意见。

　　（3）党支部委员会报告对发展对象的审查情况。

　　（4）与会党员发表意见，对发展对象能否入党进行充分讨论。

　　（5）发展对象对大会讨论的情况表明自己的态度。

　　（6）对发展对象能否入党进行表决。

　　（7）宣布表决结果。

　　（8）新党员表态发言。

　　（9）党支部书记讲话（或上级领导讲话）。

　　现在进行大会第一项议程，请×××同志汇报对党的认识、入党动机、本人履历、家庭成员和主要社会关系情况、现实表现，以及须向党组织说明的其他问题。

　　…………

　　（汇报毕。）

　　现在进行大会第二项议程，请入党介绍人×××、×××同志介绍×××同志有关情况，并对其能否入党表明意见。

　　…………

　　（介绍毕。）

　　现在进行大会第三项议程，请支部书记（或组织委员）×××同志代表支委会报告对×××同志的审查情况。

续附表76-1

……
（报告毕。）
现在进行大会第四项议程，请与会党员发表意见，对×××同志能否入党进行充分讨论。
……
（讨论毕。）
现在进行大会第五项议程，请×××同志对大会讨论的情况表明自己的态度。
……
（发言毕。）
下面进行大会第六项议程，对×××同志能否入党进行投票表决。
首先，由我宣读监票人、计票人建议人选名单。
（经党支部委员会研究，现提名×××同志为监票人，×××、×××同志为计票人。）
下面，表决通过监票人、计票人建议人选名单。
同意的请举手，请放下。不同意的请举手，没有（或当场宣布多少人，请放下）；弃权的请举手，没有（或当场宣布多少人，请放下）。一致通过。
现在，请计票人分发表决票。大家拿到表决票后，不要急于填写，请先认真阅读填写说明，等我说明表决票的填写方法和注意事项之后再开始填写。
……
（分发毕。）
请问有没有未领到表决票的？有的请举手，没有。有没有多领表决票的？有的请举手，没有。
下面，我对表决票的填写方法和注意事项作以下说明。
……
（说明毕。）
现在，请监票人检查票箱。
……
没有问题，请把票箱封好。
下面，请大家按照要求填写表决票。
……
（填写毕。）
下面开始投票，对×××同志能否入党进行表决。投票的顺序是：请监票人、计票人先投票，然后请其他党员按照工作人员的指引进行投票。
……
（投票毕。）
请问有没有未投票的？没有。
请监票人、计票人开启票箱清点表决票。
……
（清点毕，监票人将填写好的《分发表决票情况报告单》交给主持人。）
同志们，今天大会实到会有表决权的党员×名，发出表决票×张，收回表决票×张，两者一致（或少于投票人数），符合大会要求，本次表决有效。下面开始计票，请大家原地（或分散）休息××分钟。

续附表76-1

>……
>（计票毕，监票人填写好《投票结果报告单》。）
>下面继续开会，请监票人报告大会投票结果。
>（监票人宣读《投票结果报告单》。）
>……
>现在进行大会第七项议程，由我宣布大会表决结果。根据监票人的报告，对×××同志的赞成人数为××人，超过应到会有表决权党员的半数。大会表决通过，同意接收其为预备党员。
>现在进行大会第八项议程，请新党员×××同志表态发言。
>……
>（发言毕。）
>刚才，×××同志表达了自己此时此刻的心情和今后的决定，同时，也针对自身存在的不足，明确了努力方向，希望×××同志以此为契机，进一步加强学习，努力工作，争当一名合格的共产党员。
>会议到此结束，散会。

附表76-2　清点到会人数报告单

> **清点到会人数报告单**
>
> 　　今天大会应到会有表决权的党员×名，实到会有表决权的党员×名，实到会有表决权党员超过应到会有表决权党员的半数，可以开会。
>
> 20××年××月××日

附表76-3　分发表决票情况报告单

> **分发表决票情况报告单**
>
> 　　今天大会实到有表决权的党员×名，发出表决票×张，收回表决票×张，两者一致（或少于投票人数），符合规定票数，本次表决有效。
> 　　监票人：×××
> 　　计票人：×××、×××
>
> 20××年××月××日

附表76-4　投票结果报告单

> **投票结果报告单**
>
> 　　今天大会应到会有表决权的党员××人，实到会有表决权的党员××人，发出表决票××张，收回表决票××张，其中有效票××张、无效票××张。计票结果为：同意接收××票，不同意接收××票，弃权××票。
> 　　收到未到会有表决权党员提交书面意见××份，其中同意接收××票、不同意接收××票。
> 　　监票人：×××
> 　　计票人：×××、×××
>
> 20××年××月××日

附录七十七　预备党员通知书

预备党员通知书见附图 77-1。

预备党员通知书

预备党员转正通知书

经________党（总支部）讨论，批准下列预备党员转为中共正式党员　　　　编号

姓名	性别	出生 年　月　日	文化 程度	籍贯	批准为预备党员时间	批准转为正式党员时间（党龄起始时间）	入党志愿书存放何处

第一联　留批准机关存根

党委审批时间：　　年　　月　　日

预备党员转正通知书

经________党（总支部）讨论，批准下列预备党员转为中共正式党员　　　　编号

姓名	性别	出生 年　月　日	文化 程度	籍贯	批准期起始时间	入党志愿书存放何处

第二联　留批准机关存根

党委审批时间：　　年　　月　　日

预备党员转正通知书

经________党（总支部）讨论，批准下列预备党员转为中共正式党员　　　　编号

姓名	性别	出生 年　月　日	文化 程度	籍贯	批准期起始时间	入党志愿书存放何处

第三联　留批准机关存根

党委审批时间：　　年　　月　　日

附图 77-1　预备党员通知书

附录七十八 入党宣誓仪式流程图

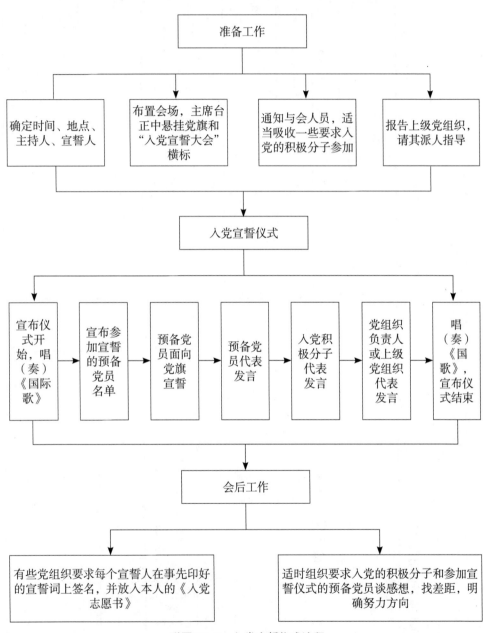

附图 78-1 入党宣誓仪式流程

附录七十九　入党宣誓仪式主持词
（××××年××月××日）

同志们：

今天，我们在这里隆重聚会，为新发展的×名预备党员举行集体入党宣誓仪式。

参加这次入党宣誓仪式的有：党委的×××、×××同志，×名新发展的党员，部分入党积极分子代表。

我宣布，入党宣誓仪式现在开始！

下面，进行第一项议程：请全体起立，唱（奏）《国际歌》。

（唱奏毕。）

请坐下！

下面，进行第二项议程：请党支部书记（或组织委员）×××同志宣读参加入党宣誓的预备党员名单。

（宣读毕。）

下面，进行第三项议程：预备党员宣誓。

请全体起立，预备党员面向党旗，举右手（握拳过肩）宣誓。由×××同志领读誓词宣誓。

（宣誓毕。）

请坐下！

下面，进行第四项议程，请预备党员代表×××同志发言。

（发言毕。）

下面，进行第五项议程，请入党积极分子代表×××同志发言。

（发言毕。）

下面，进行第六项议程，请党委×××同志讲话。

（讲话毕。）

刚才，×名新党员面向党旗庄严宣誓，预备党员代表和入党积极分子代表分别作出了发言，他们讲得都非常好，表达了对党的深厚感情和为党的事业奋斗终身的决心。×××同志代表党委做出重要讲话，在对新党员表示祝贺的同时，也对大家提出明确要求，寄予殷切希望。希望同志们不要辜负党组织的期望，牢记党的宗旨，发扬党的优良传统，立足本职岗位创先争优，充分发挥先锋模范作用！也希望入党积极分子认真学习党的基本知识，勤奋工作，严于律己，争取早日加入党组织！

下面，进行第七项议程：请全体起立，唱（奏）《国歌》。

（唱奏毕。）

入党宣誓仪式到此结束，散会。

附录八十 预备党员考察登记表

预备党员考察登记表见附表80-1。

附表80-1 预备党员考察登记表

预备党员考察登记表

支部名称：_____

姓　　名：_____

填表日期：_____

×××（上级党组织）
20××年××月印制

说　明

一、发展对象被吸收为预备党员后，由党支部组织委员或书记及时填写此表，并在封面加盖党支部印章（没有党支部印章的，可加盖单位印章，需注明"代章"）。

二、填写此表须使用钢笔、签字笔或毛笔，并使用黑色或蓝黑色墨水。字迹要清晰、工整。表内的年、月、日一律用公历和阿拉伯数字。个别栏目填写不下时，可加附页。

三、此表填写后由党支部妥善保管。预备党员调动单位时，党支部应及时将此表和其他入党材料移交新单位，以便继续对其进行教育和考察。

四、预备党员转正时，党支部应将此表和入党志愿书等入党材料报上级党委审批。

五、预备党员转正后，党支部应及时将此表与入党志愿书等入党材料存入本人人事档案。没有人事档案的，党支部要建立党员档案，交所在党委保存。

续附表80-1

预备党员基本情况	姓名		性别		出生年月	
	籍贯		出生地		民族	
	学历		学位		参加工作时间	
	户籍所在地址					
	单位及职务或职称					
	所在支部和党小组					
接收审批预备党员情况	党支部研究确定入党积极分子时间				年 月 日	
	上级党组织下达年度发展党员计划时间				年 月 日	
	党支部研究列为发展对象时间				年 月 日	
	党委审查同意发展对象备案时间				年 月 日	
	党委批复发展对象预审时间				年 月 日	
	支部大会表决通过预备党员时间				年 月 日	
	党委审批预备党员时间				年 月 日	
	预备期起止时间		年 月 日起至 年 月 日止			
入党介绍人情况	姓名		单位及职务（含党内职务）		党龄	
入党宣誓情况	举办入党宣誓单位					
	举办入党宣誓时间				年 月 日	
递交思想汇报情况	递交时间	年 月 日	递交时间		年 月 日	
	递交时间	年 月 日	递交时间		年 月 日	
	递交时间	年 月 日	递交时间		年 月 日	

续附表80-1

预备期教育考察意见（党支部每季度考察并填写一次）	党支部名称（盖章）：　　　　　　书记签名： 　　　　　　　　　　　　　　　　　　年　月　日
	党支部名称（盖章）：　　　　　　书记签名： 　　　　　　　　　　　　　　　　　　年　月　日
	党支部名称（盖章）：　　　　　　书记签名： 　　　　　　　　　　　　　　　　　　年　月　日
	党支部名称（盖章）：　　　　　　书记签名： 　　　　　　　　　　　　　　　　　　年　月　日

续附表80-1

预备期间教育考察单位变化情况（单位无变化的不需填写此栏）	调出单位党支部介绍预备党员教育考察及转出入党材料情况
	党支部名称（盖章）：　　　　　　书记签名： 　　　　　　　　　　　　　　　　　　　　年　　月　　日
	调入单位党支部审查预备党员教育考察及接收入党材料情况
	党支部名称（盖章）：　　　　　　书记签名： 　　　　　　　　　　　　　　　　　　　　年　　月　　日

重新确定入党介绍人情况		
姓名	单位及职务（含党内职务）	党龄

预备党员转正情况
预备党员递交转正申请时间：　　　年　　月　　日
入党介绍人意见 入党介绍人签名：　　　　　　　　　　　　　年　　月　　日

续附表80-1

入党介绍人意见	 入党介绍人签名：　　　　　　　　　　　　　　　年　月　日
党小组意见	 党小组组长签名：　　　　　　　　　　　　　　　年　月　日
党支部征求党员和群众意见情况	 党支部书记签名：　　　　　　　　　　　　　　　年　月　日
党支部委员会审查意见	 党支部名称（盖章）：　　　　　书记签名： 　　　　　　　　　　　　　　　　　　　年　月　日

续附表80-1

公示情况	公示时间		年　　月　　日		
	公示结果				
党支部大会表决通过预备党员转正情况	会议时间				
	表决结果				
总支部委员会审查预备党员转正情况	审查时间				
	审查意见				
党委会审批预备党员转正情况	审批时间				
	审批意见				
延长预备期考察情况					
延长预备期时间： 　　年　　月　　日起至　　　　年　　月　　日止					
延长预备期教育考察意见（党支部每季度考察并填写一次）	党支部名称（盖章）： 　　　　　　书记签名： 　　　　　　　　　　　　　　年　　月　　日				
	党支部名称（盖章）： 　　　　　　书记签名： 　　　　　　　　　　　　　　年　　月　　日				
	党支部名称（盖章）： 　　　　　　书记签名： 　　　　　　　　　　　　　　年　　月　　日				
	党支部名称（盖章）： 　　　　　　书记签名： 　　　　　　　　　　　　　　年　　月　　日				

续附表80-1

延长预备期转正情况		
预备党员递交转正申请时间： 年 月 日		
入党介绍人意见		
	入党介绍人签名： 年 月 日	
	入党介绍人签名： 年 月 日	
党小组意见		
	党小组组长签名： 年 月 日	
党支部征求党员和群众意见情况		
	党支部书记签名： 年 月 日	

续附表80-1

党支部委员会审查意见	党支部名称（盖章）：	书记签名：	年　月　日		
公示情况	公示时间				
	公示结果				
党支部大会表决通过预备党员转正情况	会议时间				
	表决结果				
总支部委员会审查预备党员转正情况	审查时间				
	审查意见				
党委会审批预备党员转正情况	审批时间				
	审批意见				
备　注					

附录八十一　转正申请书的写法

一、转正申请书内容

转正申请书内容一般为：①自己是什么时候被接收为预备党员的，什么时候预备期满，并正式向党组织提出转为正式党员申请的。②自己成为预备党员以来，在思想、工作、学习等方面有哪些成绩和进步（包括在入党时党组织和同志们所指出的缺点在预备期间改正的情况）。③对照党员标准，觉得自己还存在哪些差距。④入党时应向而未向党组织说明的问题，或在预备期间发生的应向党组织说明的问题。⑤针对自己存在的差距提出今后的努力方向，表明自己的决心及对待能否按期转正的态度。

二、应注意的问题

应注意的问题：①转正申请书一般应在预备期即将满时交给党组织，以便党组织按时讨论自己的转正问题。②转正申请书一般应由本人写，这样可以较好地表达自己在思想、工作、学习方面的情况。如因特殊情况自己不能写的，可以口述，由别人代写，但要有本人签名盖章。③写转正申请书要实事求是，紧密联系自己的思想实际，不能为了按期转正而文过饰非，掩盖自己的缺点和不足，更不能有任何隐瞒和伪造。④转正申请书的格式参照入党申请书。

附录八十二　关于×××同志转为中共正式党员的公示

　　党支部定于近期召开支部大会，讨论将×××同志转为中共正式党员。根据发展党员工作有关要求，现将其有关情况公示如下：

　　×××，男，××××年××月出生，×族，××（省）××（市、县）人，××学历，××××年××月参加工作，现任××××单位××职务。

　　该同志于××××年××月××日向党支部递交入党申请，××××年××月××日被确定为入党积极分子，××××年××月××日被列为发展对象，××××年××月××日被接收为中共预备党员，××××年××月××日预备期满（预备期1年）。入党介绍人×××、×××。在听取党小组、入党介绍人、党员和群众意见的基础上，经支部委员会审查，×××同志已具备中共正式党员条件，拟于近期提交支部大会讨论，将其转为中共正式党员。

　　公示时间为××××年××月××日至××月××日（公示时间为5个工作日）。公示期间，党员和群众可来电、来信、来访，反映其在理想信念、政治立场、思想作风、工作表现、群众观念、廉洁自律等方面的情况和问题。反映问题应实事求是、客观公正。以个人名义反映问题的，要签署本人真实姓名。党支部将对反映人和反映问题严格保密，对反映问题进行调查核实，弄清事实真相，并以适当方式向反映人反馈。

　　联系电话：××××××　　传真电话：××××××
　　来信地址：××××××　　邮政编码：××××××

中共×××支部委员会（盖章）

××××年××月××日

附录八十三 接收预备党员转正支部大会主持词
（××××年××月××日）

同志们：

现在开会。

根据党支部发展党员工作计划，经征求党员和群众意见、党支部委员会审查同意，今天召开党支部大会，讨论预备党员×××同志的转正问题。

本次会议应到正式党员×名、预备党员×名，因事、因病请假×名，实到会正式党员×名、预备党员×名，有表决权的到会人数超过应到会有表决权人数的半数，符合规定人数，可以开会。

为开好这次会议，党委专门派×××、×××同志到会指导，让我们以热烈的掌声表示欢迎！

这次会议主要有五项议程。

一是预备党员×××同志汇报预备期间的思想、工作情况。

二是党小组介绍×××同志在预备期间的表现情况和小组意见。

三是支部委员会介绍×××同志预备期间的教育考察情况。

四是与会党员发表意见，对×××同志能否转正进行充分讨论。

五是无记名投票表决。

下面，进行第一项议程：请预备党员×××同志汇报预备期间的思想、工作情况。

…………

（汇报毕。）

下面，进行第二项议程：请党小组长×××同志介绍×××同志在预备期间的表现情况和党小组对其能否转正的意见。

…………

（介绍毕。）

下面，进行第三项议程：请党支部书记（或组织委员）×××同志代表党支部委员会报告×××同志在预备期间的教育考察情况。

…………

（报告毕。）

下面，进行第四项议程：请与会党员发表意见，对预备党员×××同志能否转正进行充分讨论。

…………

（讨论毕。）

下面，请预备党员×××同志对党支部大会讨论的情况表明自己的态度。

…………

（发言毕。）

下面，进行第五项议程：请有表决权的正式党员进行无记名投票表决。

首先，通过监票人、计票人名单。

经党支部委员会研究，建议×××、×××同志为监票人，请各位党员审议，有意见的同志，请发表。（稍停）没有意见（或党员发表意见后）。

现场进行表决：

同意的请举手。请放下。

不同意的请举手。没有（或请放下）。

弃权的请举手。没有（或请放下）。

通过。

经党支部委员会研究，制定×××、×××同志为计票人，请大家鼓掌通过。

请监票人检查票箱。

请计票人分发表决票。大家拿到表决票后，不要急于填写，请先认真阅读填写说明，等宣布填写表决票后再开始填写。

（待表决票分发完毕。）

各位正式党员，有没有没领到表决票的？有没有多领的？有的请举手。

下面，我说明填写表决票的注意事项。

…………

（说明毕。）

下面，请大家填写表决票。

（填写毕。）

我宣布一下投票顺序：先请监票人、计票人投票，再请其他党员投票。

开始投票。

（投票毕。）

请监票人、计票人清点表决票。

（清点毕，监票人报告清点结果。）

各位党员，根据监票人的报告，本次大会实到有表决权的正式党员×名，发出表决票×张，收回表决票×张，表决有效。

下面，请监票人、计票人计票。

（计票毕，监票人报告计票结果。）

各位党员，根据监票人的报告，本次大会的表决结果为：×××同志得赞成票×张，不赞成票×张，弃权票×张，表决有效。

我宣布，经党支部大会无记名投票表决，对×××同志的赞成人数超过应到会有表决权的正式党员的半数，同意其按期转为中共正式党员。党龄自××××年××月

××日算起。

下面，请党员×××同志表态。

……………

（发言毕。）

刚才，×××同志针对自身存在的不足，明确了努力方向，希望×××同志以此为契机，进一步加强学习，努力工作，充分发挥一名共产党员的先锋模范作用。

会议到此结束，散会。

附录八十四 预备党员转正通知书

预备党员转正通知书见附图84-1。

预备党员转正通知书

_____党（总支部）经_____讨论，批准下列预备党员转为中共正式党员

预备党员转正通知书 编号

姓名	性别	出生年月日	文化程度	籍贯	批准为预备党员时间	批准转为正式党员时间（党龄起始时间）	入党志愿书存放何处

党委审批时间：　　　　年　月　日

第一联　留批准机关存根

预备党员转正通知书

_____党（总支部）经_____讨论，批准下列预备党员转为中共正式党员

预备党员转正通知书 编号

姓名	性别	出生年月日	文化程度	籍贯	批准为预备党员时间	批准转为正式党员时间（党龄起始时间）	入党志愿书存放何处

党委审批时间：　　　　年　月　日

第二联　留批准机关存根

预备党员转正通知书

_____党（总支部）经_____讨论，批准下列预备党员转为中共正式党员

预备党员转正通知书 编号

姓名	性别	出生年月日	文化程度	籍贯	批准为预备党员时间	批准转为正式党员时间（党龄起始时间）	入党志愿书存放何处

党委审批时间：　　　　年　月　日

第三联　留批准机关存根

附图84-1　预备党员转正通知书

附录八十五　中国共产党党员组织关系介绍信及回执

中国共产党党员组织关系介绍信及回执见附图85-1。

党员介绍信存根	第 A 　号　　　　　　　　　　　　　　　　　　　　　　　　　　　 ＿＿＿＿＿同志系中共（预备/正式）党员，组织关系由＿＿＿＿＿转到 ＿＿＿＿＿。 　　　　　　　　　　　　　　　年　　月　　日	第一联

（贴回执联处）

　　　　　　　　　　　　　　　　　　　　　　　　　　　　　　　（加盖骑缝章）

中国共产党党员组织关系介绍信

第 A 　号 ＿＿＿＿＿： ＿＿＿＿＿同志（男/女），＿＿＿＿岁，＿＿＿＿族，系中共（预备/正式）党员，身份证号码＿＿＿＿＿＿＿＿＿＿＿＿＿＿＿＿＿＿，由＿＿＿＿＿＿＿＿＿＿＿＿＿＿去＿＿＿＿＿＿＿＿＿＿＿＿＿＿＿＿＿，请转接组织关系。该同志党费已交到＿＿＿＿年＿＿＿＿月。 （有效期　　　　天） 　　　　　　　　　　　　　　　　　　　　　（盖章） 　　　　　　　　　　　　　　　　　　　　年　　月　　日 党员联系电话或其他联系方式： 党员原所在基层党委通讯地址： 联系电话：　　　　　　传真：　　　　　　邮编：	第一联

中国共产党党员组织关系介绍信回执联

第 A 　号 ＿＿＿＿＿： ＿＿＿＿＿同志的党员组织关系已转达我处，特此回复。 　　　　　　　　　　　　　　　　　　　　　（盖章） 　　　　　　　　　　　　　　　　　　　　年　　月　　日 经办人：　　　　　　　联系电话：	第三联

注：回执联由接收党员组织关系的基层党委在接收党员后一个月内邮寄或传真至党员原所在基层党委。

转移组织关系证明信存根	＿＿＿＿＿同志系中共（预备/正式）党员，由本总支（支部）证明，到＿＿＿＿＿转移组织关系，至＿＿＿＿＿＿＿＿＿＿。 有效期 5 天 党费交到　　月	第 A　　号 党总支（支部） 　　年　月　日	第一联

（贴回执联处）

（加盖骑缝章）

中国共产党党员转移组织关系证明信

编号：

中共＿＿＿＿＿＿委员会：
　　＿＿＿＿＿同志（男/女），＿＿＿＿岁，＿＿＿＿族，系中共（预备/正式）党员，身份证号码＿＿＿＿＿＿＿＿＿＿＿＿＿＿＿，因＿＿＿＿＿＿＿＿＿＿＿＿＿组织关系需从我总支（支部）转往＿＿＿＿＿＿＿＿＿＿＿＿＿＿＿＿＿＿＿＿。
　　特此证明。
（有效期 5 天）　　　　　　　　　　　　　　　＿＿＿＿＿党总支（支部）（代章）
党费交到　　月　　　　　　　　　　　　　　　　　　　　年　月　日
党员联系电话或其他联系方式：
党员所在基层党组织通讯地址：
联系电话：　　　　　传真：　　　　　邮编：

备注：①市直机关党总支（支部）的党员需要转出组织关系时，持此证明信到市直机关工委或按隶属关系到所在党委办理。②此证明信不能作为组织关系介绍信使用。

附图 85-1　中国共产党党员组织关系介绍信及回执

附录八十六 中国共产党流动党员活动证

中国共产党流动党员活动证见附图 86-1。

中国共产党流动党员活动证 中共中央组织部制	基层党委名称（盖章）_____ 编号_____ 发证日期　年　月　日	姓名_____ 性别___ 民族___ 出生年月_____ 文化程度___ 正式或预备党日___ 入党时间___ 身份证号码_____ 本人联系电话_____ 或其他联系方式_____ 户籍所在地家庭住址___省（区、市）___县（市、区）___乡（镇、街道）___村（社区） 党支部联系人及联系方式_____
流入地（单位）党支部名称_____ 流入时间_____ 党支部联系人及联系方式_____ 党员参加党的活动和交纳党费情况： 党支部盖章或支部书记签章　年　月　日	流入地（单位）党支部名称_____ 流入时间_____ 党支部联系人及联系方式_____ 党员参加党的活动和交纳党费情况： 党支部盖章或支部书记签章　年　月　日	流入地（单位）党支部名称_____ 流入时间_____ 党支部联系人及联系方式_____ 党员参加党的活动和交纳党费情况： 党支部盖章或支部书记签章　年　月　日

附图 86-1　中国共产党流动党员活动证

附录八十七　党支部核定党费标准备案表

附表 87-1　党支部核定党费标准备案表

序号	党员姓名	单位（部门）及职务	计算党费基数	计算党费比例	月应交党费数	核定月交党费数	备注（应交数与核定数有差别的需简要说明情况）
1							
2							
3							
4							
5							
6							
7							
8							
9							
10							
11							
12							
13							
党支部核定意见	党支部名称（盖章）：　　　　　　　　　　　　　书记签名： 　　　　　　　　　　　　　　　　　　　　　　　　年　月　日						
上一级党组织审核备案意见	党组织名称（盖章）：　　　　　　　　　　　　　书记签名： 　　　　　　　　　　　　　　　　　　　　　　　　年　月　日						

备注：1. 此表于每年3月底前由党支部核算填写，并报上一级党组织审核备案；2. 此表一式两份，党支部、上一级党组织各留存一份。

填报人：　　　　　　　　　　　　　　　　　联系电话：

附录八十八 党支部收缴党费情况登记表

××××年党支部收缴党费情况登记表见附表88-1。

附表88-1 ××××年党支部收缴党费情况登记表

月份	党员每月交纳党费情况（a+b=c）								党支部每季度上缴党费情况					
	应交		实交		补交		交纳党费总额/元	需要说明的情况（党员当月未按规定交纳党费的需简要说明情况）	应缴金额/元	实缴金额/元	补缴金额/元	上缴总额/元	上缴日期	需要说明的情况（本季度未按规定上缴党费的需简要说明情况）
	人数	金额/元	人数	金额/元	人数	金额/元								
1								无						
2								例：因张x生病住院，本月未交纳党费						
3								例：因张x上月生病住院，故在本月补交党费						例：3月初，因组织委员外出培训，故未能在规定时间上缴党费
4														
5														
6														
7														
8														
9														
10														
11														
12														
全年														

附录八十九 ××××年党费收支、结存情况表

××××年党费收支、结存情况表（一）见附表89-1。

附表89-1　××××年党费收支、结存情况表

填报党组织（盖章）：　　年1月1日至　　　　年12月31日

项目	上年实存党费数	本年党费收支情况									亏（-）余（+）	结存党费数本年底累计
		收入					支出					
		计	党员缴纳	按比例上缴下级党组织	下拨上级党组织	党费利息	其他	计	使用	上缴	下拨	其他		
	1	2	3	4	5	6	7	8	9	10	11	12	13	14
甲				0			0				0	0		
总计														

附录九十 ××××年党费使用、管理情况表

××××年党费使用、管理情况表(一)见附表90-1。

附表90-1 ××××年党费使用、管理情况表

项目	表(一)9栏使用总数(元)	轮训党员	表彰先进	其 中				
				订购党员读物	党员困难补助	电化教育	印刷资料及其他	
	1	2	3	4	5	6	7	
甲								
总计								

252

附录九十一 党支部党费收缴工作流程图

党支部党费收缴工作流程见附图91-1。

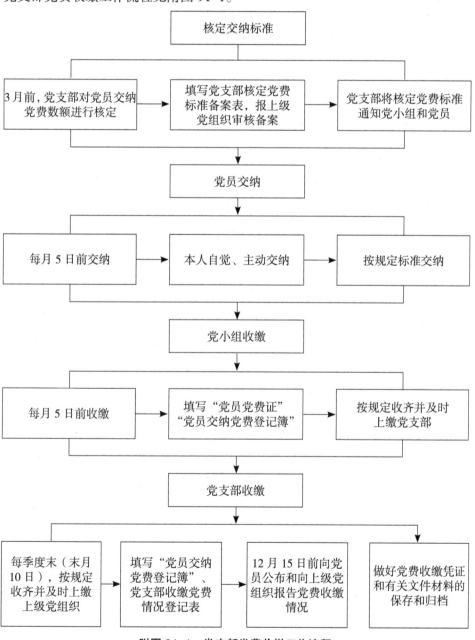

附图 91-1 党支部党费收缴工作流程

附录九十二　党支部党费使用管理工作流程图

党支部党费使用管理工作流程见附图92-1。

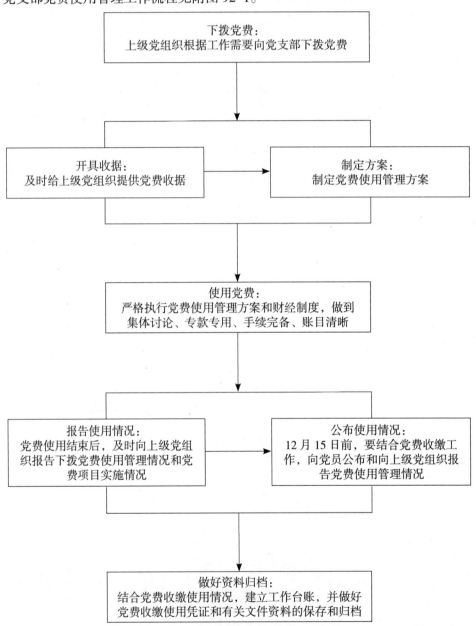

附图92-1　党支部党费使用管理工作流程

附录九十三　党支部党员大会流程图

党支部党员大会流程见附图93-1。

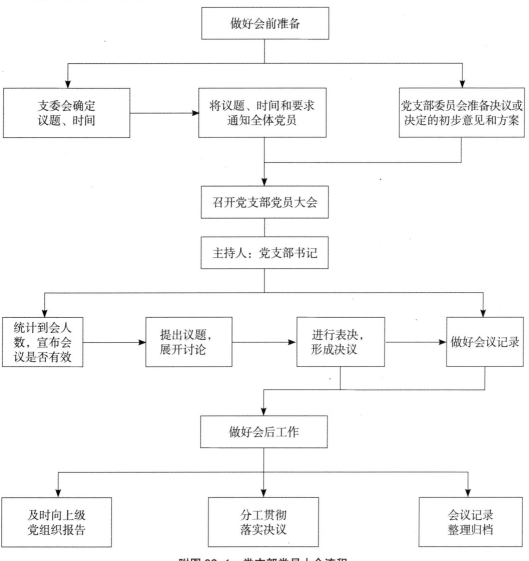

附图93-1　党支部党员大会流程

附录九十四　党支部委员会流程图

党支部委员会流程见附图 94-1。

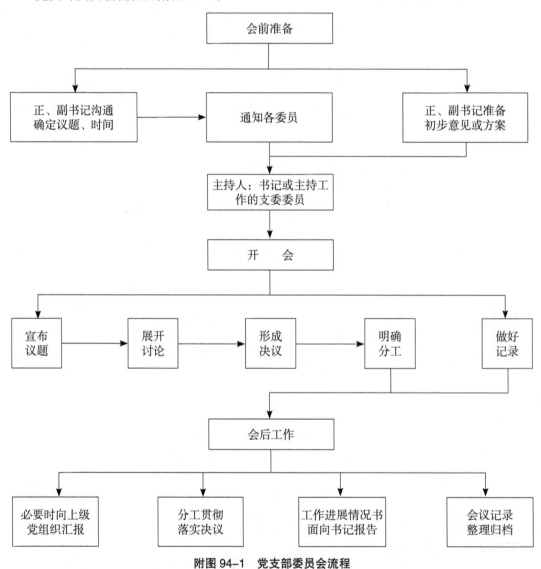

附图 94-1　党支部委员会流程

附录九十五　党小组会流程图

党小组会流程见附图 95-1。

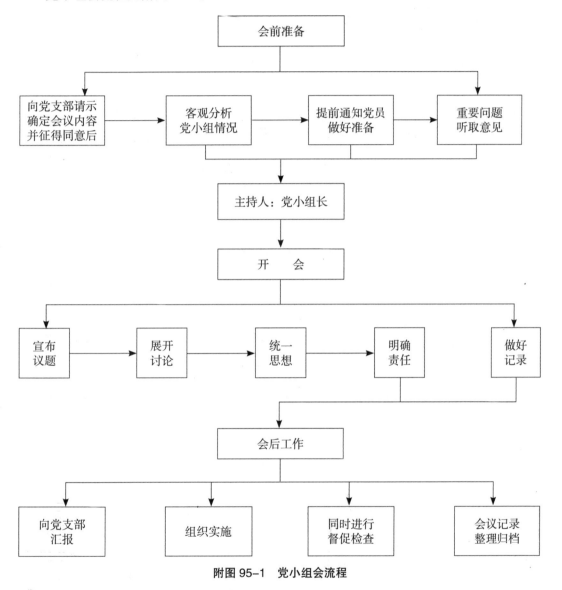

附图 95-1　党小组会流程

附录九十六　党课流程图

党课流程见附图 96-1。

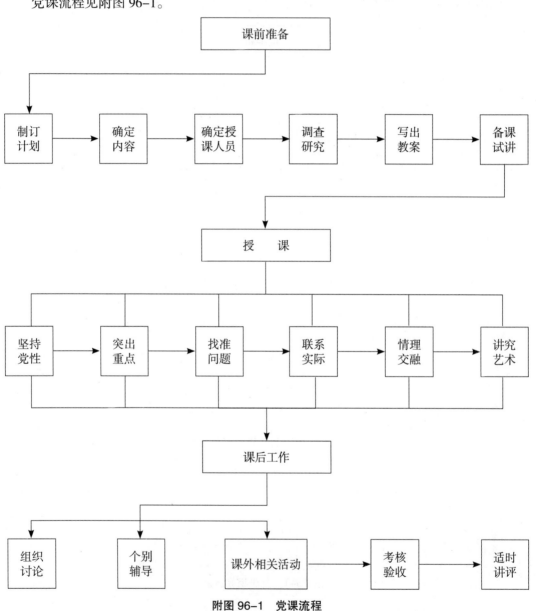

附图 96-1　党课流程

附录九十七 党支部组织生活会流程图

党支部组织生活会流程见附图97-1。

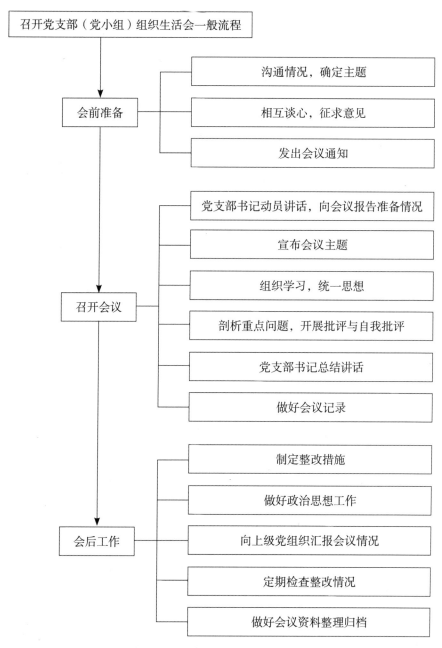

附图97-1 党支部组织生活会流程

附录九十八　民主评议党员流程图

民主评议党员流程图见附图 98-1。

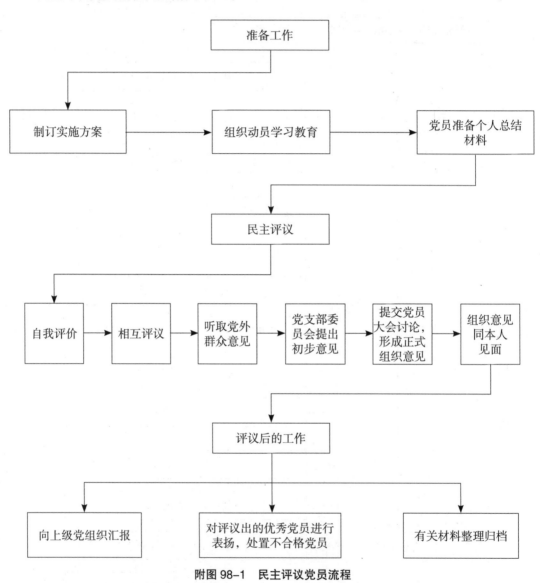

附图 98-1　民主评议党员流程

附录九十九　个别谈心流程图

个别谈心流程见附图 99-1。

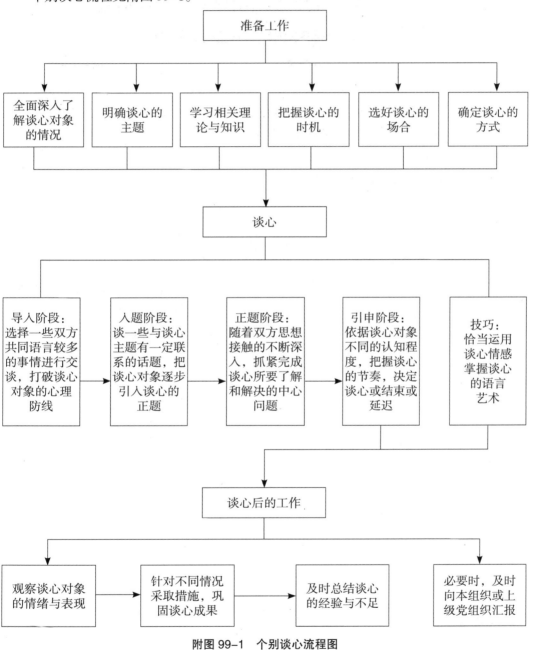

附图 99-1　个别谈心流程图

附录一〇〇　党支部请示报告模板

××××第×党支部关于开展××工作的请示

（方正小标宋简体，小二号，居中）

中心党委：

　　根据××的要求，为进一步××，拟开展××，项目内容或需求，经费预算×元，拟由×（经费来源：党委/党支部经费）中开支。

　　妥否，请批示。

　　（正文：仿宋三号，首行缩进2字符）

　　附件：1.×
　　　　　2.××

第×（××××）党支部　　
经办人：　　　　　　　　
党支部书记：　　　　　　
20××年××月××日　　　

附录一〇一　第 × 党支部关于组织开展纪律教育月学习活动的请示（示例）

中心党委：

根据上级党委的要求和中心党委的部署，第 × 党支部拟于近期组织开展一次纪律教育月学习活动，具体安排如下：

1. **活动时间**

20××年××月××日下午3—5时。

2. **活动地点**

中心十楼党建室及广州农民运动讲习所。

3. **参加人员**

党支部全体党员，共计××人。

4. **活动内容**

（1）党支部书记讲专题党课（纪律教育相关内容，支部书记负责）。

（2）组织召开专题学习研讨会（会务工作、记录，组织委员负责）。

（3）组织全体支部党员参观廉政教育基地（场地、讲解预约，纪检委员负责）。

（4）活动后总结，在"复兴壹号"等中心党建平台发布简讯（配活动图片2～3张，宣传委员负责）。

5. **经费预算**

参观场地门票10元，预计20人，约需要经费200元，拟从党支部2022年活动经费中支出。

妥否，请批示。

第 ×（××××）党支部
经办人：
负责人：
20××年××月××日

附录一〇二 结对共建流程图

结对共建流程见附图 102-1。

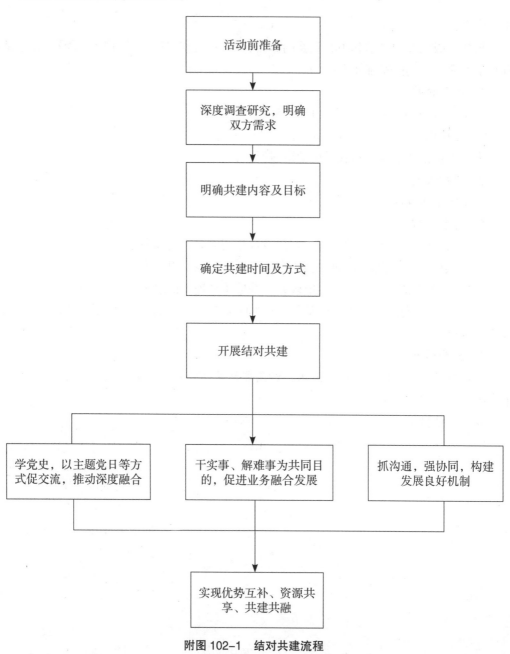

附图 102-1 结对共建流程

附录一〇三　广州市疾病预防控制中心党建平台管理规定

第一章　总　则

第一条　根据《中国共产党宣传工作条例》《中国共产党党务公开条例（试行）》和国家、省、市关于推进党建平台健康有序发展的意见等相关精神，为促进我中心党建平台管理制度化、规范化，提升党建平台传播力、引导力、影响力、公信力，结合实际制定本规定。

第二条　广州市疾病预防控制中心的党建平台是与中国银行签署协议使用其开发的"复兴壹号"党建平台。是贯彻落实党中央关于"运用互联网技术和信息化手段开展工作"的部署要求，顺应互联网、云计算、大数据为代表的信息技术快速发展趋势，致力于打造"互联网＋党建"新模式的实践，对党组织开展党建工作具有重要推动作用。

第三条　"复兴壹号"党建平台由办公室负责，履行党建平台的规划建设、组织保障、健康发展、安全管理等主要职责，办公室具体承担党建平台日常运维工作。

第四条　党建平台接受中心党委的统筹指导、宏观管理和考核。

第二章　组织建设

第五条　设立党建平台工作领导小组。中心党委书记任领导小组组长，办公室主任及副主任任副组长，办公室党务工作人员、各支部支委任成员。

领导小组负责党建平台工作的组织与实施，包括审定管理规定，指导和协调信息发布、信息回复以及相关业务，研究决定党建平台工作的重大问题等。

第六条　党建平台工作领导小组下设党建平台工作办公室，设在办公室。办公室指定专责人员担任党建平台管理员，具体负责日常工作。

第七条　党建平台工作办公室主要职责是：

（一）拟订党建平台工作管理规定，并报中心党建平台工作领导小组审定后组织实施。

（二）贯彻落实党建平台工作领导小组的各项工作部署，协调处理党建平台日常相关工作。

（三）负责党建平台工作的运维管理，信息发布的策划、采编、审批等。

（四）建立健全中心党建平台工作信息员队伍，开展相关业务培训。

（五）做好党建平台其他相关事项工作。

第八条　中心党建管理员向支部委员或指定党员授予支部管理员身份，以实现授权（分权）管理。授权管理的组织为支部委员对应的组织，用户在使用该身份时只可对相应组织关系所在支部的数据进行操作。

第九条 党支部管理员负责本组织各项内容审核发布、活动项目策划、原创专业类稿件编审、留言评论处置、紧急情况处置、组织活动数据汇总分析等相关工作。

第三章 信息发布

第十条 党建平台发布的内容主要包括：

（一）国家重大决策部署，省、市重大工作要求和党务工作的政策法规宣贯。

（二）中心、党支部重要工作动态、重要活动信息等。

（三）中心先进工作经验和成效、先进典型人物和感人事迹等。

（四）党建党务相关学习资源。

（五）党费收缴工作情况与通知。

（六）党员分享与品鉴美术作品、音像作品和文学作品。

（七）上级部署的有关宣传任务及其他适宜发布的内容。

第十一条 信息报送要求。各支部要加强对工作信息、文稿资料的研判，谨慎区分内宣、外宣信息，不宜对外公布的敏感信息、研究过程中的信息不得在平台发布。

（一）积极主动报送信息，注意遵循新闻报道的时效性，做到及时、准确。

（二）适应党建平台特点，做到语言生动、图文并茂。

（三）严格遵守保密规定，不得发布涉及国家秘密、工作秘密、商业秘密、个人隐私等内容。

第十二条 信息报送方式。

信息在各支部管理员认真履行公开保密审查程序后，由各支部管理员通过管理员账号发布。

第十三条 各支部对稿件等发布信息进行遴选、编辑、初步审核。党建平台信息发布的一般程序为：

各支部组织相关人员撰写信息，经支部负责人审核后（包括保密审核）发至各支部管理员；各支部管理员收到信息稿件后，选择适宜的稿件后推送，同步在内网党建园地发布。

第十四条 支部管理员部应加强和用户的互动，密切关注用户留言、评论、私信等内容，并适时组织回复。对可能引起卫生健康舆情和媒体炒作的敏感问题，及时转至相关支部依法依规进行处理，按规定程序及时给予答复；针对普通党员在文化馆发布的信息，党建管理员要对发布信息进行每月定期清查并记录，一旦发现不当内容及时提醒处理。

第十五条 留言回复的发布权限与信息的发布权限和流程一致。

第四章 日常维护

第十六条 各支部要高度重视党建平台工作，认真落实相关要求，积极主动地提供工作信息，建立信息资源库。

第十七条 当网页内容被篡改或有黑客攻击时，中心办公室应联系中国银行客服，根据党建平台工作办公室的实际需要协同运维，及时处理技术故障，保障相关系统的稳定运作。

第十八条 严格执行有关保密规定，党建平台工作管理员注意妥善保管好登录系统的账号和密码。

第五章　考核管理

第十九条 要加强中心工作人员开设用于履行职务的微博、微信公众号、头条号等党建平台账号管理。

（一）干部职工开设与机构职责、公职身份相关或实名认证的微博、微信公众号、头条号等党建平台账号，应报单位备案。

（二）未经报批报备的党建平台账号，一律不得使用广州市疾病预防控制中心党建平台的标志与符号，不得在发布信息时透露机构、职务身份等，不得发布与职务相关的信息。

未经报批报备已经开通用于履行职责、与公职相关或实名认证的各类党建平台账号，应补办报批报备手续后才能继续使用。

第二十条 各支部信息报送情况列入年度工作考核。党建平台工作办公室负责日常统计和考评，每月统计、每季度通报稿件信息的报送和使用等工作情况。其中，支委会（每月1次）、党员大会（每季度1次）、党课（每年至少1次）、组织生活会（每年1次）数量不达标每次支部评星定级扣分，扣分累加。

第六章　附　则

第二十一条 本规定由广州市疾病预防控制中心党建平台工作领导小组负责解释，自印发之日起实施。

附录一〇四 党支部谈话机制

落实全面从严治党主体责任约谈工作制度(试行)。

第一条 为认真贯彻落实全面从严治党要求,切实把纪律和规矩挺在前面,切实做到监督关口前移,防患于未然,筑牢中心全体干部职工遵章守规的思想防线,根据《中国共产党党内监督条例》《广州市党廉办关于进一步规范党内谈话工作的通知》有关规定和要求,结合我中心实际,制定本制度。

第二条 本制度所称"约谈"是指中心党委委员、纪委主要负责人以问题为导向,对中心党员、干部职工采取谈话的方式进行教育提醒并督促改正的一种日常监督措施。

第三条 本制度适用于中心各党支部、部室、党员和干部职工。

第四条 约谈的形式包括一把手约谈、谈话提醒、提醒谈话、批评教育等。

第五条 实施约谈的部门为中心纪检监察审计室、办公室、人事部。

第六条 中心各党支部和部室有下列情形之一,且在管理范围内干部群众中产生一定的不良影响,情节轻微的,可视情况及时实施集体约谈:

(一)政治敏锐性不够高,大意识不够强的。

(二)党支部委员、部室中层干部之间不团结、凝聚力和战斗力不足的。

(三)执行纪律不够严,不正之风有滋生蔓延趋势的。

(四)管理松散,在党员干部群众中出现信任危机的。

(五)其他需要及时实施约谈的情形。

第七条 党员和干部职工有下列情形之一,且情节轻微、未达到组织处理或党纪政务处分的,可视情况及时实施约谈:

(一)落实党风廉政建设主体不力、主体责任清单执行不到位的。

(二)执行中央八项规定精神,"六大纪律",尤其是遵守党的政治纪律和政治规矩、贯彻执行民主集中制及廉洁自律准则等方面存在苗头性、倾向性问题的。

(三)在履行职责、工作作风等方面的苗头性问题,或者在群众信访举报、监督检查、经济责任审计等工作中发现有苗头性、倾向性问题可能造成不良后果的。

(四)不遵守中心有关规章制度的、工作中不作为、慢作为、乱作为等问题比较集中的。

(五)其他需要及时实施约谈的情形。

第八条 实施约谈应当包括下列内容:

(一)约谈人向约谈对象说明谈话原因,指出存在问题或者需要核实了解的问题。

(二)约谈对象对有关问题作出解释和说明。

(三)约谈人针对约谈对象存在的问题对约谈对象提出相应要求。

第九条 进行约谈,应当制作约谈记录,经约谈对象签字确认后,由实施约谈部门留存。

第十条 约谈结束后,约谈对象应当就约谈的问题形成书面材料,于规定时间内报实施约谈的部门。

约谈对象有需要进行整改的问题的,应当将整改情况在上报的书面材料中予以说明。

第十一条 约谈结果应用

(一)各党支部一个季度内受到集体约谈1次的,该季度不得评为星级党支部;达到2次及以上的,党支部要召开专题组织生活会进行深入剖析并提出整改措施。

(二)各部室年度内受到集体约谈1次的,部室要召开全体人员科务会进行分析和反思;达到2次的,扣部室综合目标管理分1分;达到3次的,扣部室综合目标管理分3分;达到3次以上的,扣部室综合目标管理分10分。

(三)个人年度内受到约谈达到2次的,个人年度考核等级评定不得评为优秀,并扣绩效工资200元;达到3次及以上的,个人年度考核等级评定不得评优,且不能作为其他评优评先的推荐对象,并扣绩效工资2 000元。

第十二条 约谈对象须按要求接受约谈,不得借故推诿、拖延,不得隐瞒、编造、歪曲事实和回避问题,不得追查、打击报复反映问题的人员。参与约谈的工作人员须严格遵守保密等工作纪律。

参考文献

[1] 共产党员网. 中国共产党党内监督条例[EB/OL].(2016-11-02)[2023-10-31].https://news.12371.cn/2016/11/02/ARTI1478087905680175.shtml.

[2] 共产党员网. 中国共产党支部工作条例(试行)[EB/OL].(2018-11-25)[2023-10-31].https://www.12371.cn/special/zbgztlxxsc/.